藍學堂

學習・奇趣・輕鬆讀

有錢人教我的致富心態

學有錢人這樣想錢、生錢、存錢、花錢，他從月光族變身資產3億富翁！

知名理財規畫師

立川 健悟

Kengo Tatsugawa —— 作者

林信帆 —— 譯者

お金持ちは

合理的

最大限の価値を引き出す
上手なお金の使い方

目錄

第1章 富人的「用錢方式」這裡不一樣！

第2章

對行為經濟學免疫的「富人思維」

第3章

做好「人生規畫」才能自由使用金錢

第4章

投資未來的「金錢活用法」

第5章 金錢的最大價值在於可「購買經驗」

推薦序

有共鳴和亮點、好讀好實踐的一本書

愛瑞克

拜讀完此書，我認為有四大優點值得推薦，分別是：「共鳴度高」「亮點不少」「短篇好讀」「容易實踐」。

首先是「共鳴度高」。市面上探討富人思維和習慣的相關書籍不少，通常以歐美社會背景居多，少數來自亞洲（日、韓、華人社會），此書主要以日本的富有者為借鏡對象，因此貼近台灣人的生活習慣，尤其在少子化、高儲蓄率方面，台灣與日本民眾所面對的環境相似，因此參考性也相對較高，讀起來共鳴度也較高。

例如，「富人只會在物超所值時掏錢」，書中有提到百元商店、高性價比（CP值），這都是台灣人相當熟悉的詞彙（在台灣也有DAISO大創百貨在內的日系店家，主打均一價新台幣四十九元），容易接地氣。我個人算是運氣好，有幸比一般上班族提早一些時間存夠退休金，退而不休去做自己真正想做的事，但有錢不代表會買相對較貴的東西，而是有較大的選擇範圍可以去挑自己認為「物超所值」的東西，包含買房子、買車子都是。「價值」才是判斷的主要標準，用來和「價格」相比，並且是以長遠的眼光（例如未來十年後來看）進行衡量，而非當下。

其次是「亮點不少」。此書的五章分別以「用錢方式」、「富人思維」、「人生規畫」、「金錢活用法」、「購買經驗」為主軸，實則涵蓋了每個人一生所面對的各種面向，是探討範圍及應用層面非常廣博的一本書。尤其第四章（投資未來的「金錢活用法」）、第五章（金錢的最大價值在於可「購買經驗」），是其他同類型財商書籍中相對較少探討的，也是此書的亮點。

再來是「短篇好讀」。這是大多數日系工具書的特點，也是最大優勢。此書共五章底下細分成一百篇左右的小題目，各約兩至三頁，適合現代上班族零碎時間閱讀的習慣。而且容易產生「進度感」，也就是持續閱讀有新收穫、容易繼續下去，不會因為同一主題過於繁複的解說而產生煩躁感而中斷閱讀。

最後是「容易實踐」。此書內容顯淺易懂，不用深奧的專業術語或複雜的財務工具或技術，強調每個人都可以輕鬆在日常生活中實踐，而且活用的效果還會長久延續。

綜合以上四大優點，值得五星推薦！

（本文作者為《內在成就》系列作者、TMBA共同創辦人）

推薦序

給想要財務自由的你

畢德歐夫

很多人想當有錢人，因為有錢意味著對自己生活有更大的掌控性，不用被迫做不願意做的工作，也可以有更多時間享受人生等。不過，有些人已經賺到了一定的財富，卻仍然庸庸碌碌在公司加班，他也許是位高管，也可能是傳統小吃店的老闆，賺到了錢卻不知道如何「創造生活體驗」，從某個角度來看，其實這樣的人生到了晚年很容易留下遺憾。

本書是日本作家立川健悟所寫的，當中許多章節都很適合一般讀者學習與採用，而且過去這十多年來我也是這麼做，因此順利達到財務自由的境地，很佩服這位作者可以細心觀察出多數富人的習慣，並且書寫成冊，這點是我做不來的。

書中提到「履歷上沒有可書寫的內容或人生故事單薄的人，都是沒有學習或挑戰過的人」，現在不少年輕人在學生時期總追求平庸，能混就混的態度，這容易在剛出社會時吃足苦頭，因為人生故事不一定要很精彩，但仍然要培養一些能吸引人的特質，要不然很容易就被茫茫人海給淹沒。

作者也提到建立人脈時應該更重視「質」而非「量」，這是富人傳達的重要一課，非常實用。因為我們一天的時間有限，二十四小時扣掉睡眠跟工作時間後所剩無幾，如果還要盲目參加各種聚會，實在浪費生命，一定要記住富人的聚會不在多而在精，而且我想補充的一點是「要先讓自己成為有點料的人」，這樣對方才可能跟我們資源交換，雙方創造更大的利益。

「富人花錢買時間的觀念比一般人要強烈許多，正因為時間有限，他們會希望盡量增加可自由支配的時間，並有意義運用。」作者提到這段也讓我心有戚戚焉，主要是錢再賺真的沒問題，可是時間沒了就是沒了。這點跟我過去觀察到的富人作風是相同的，大家都不想浪費時間，才會在年輕時想快速把本業或投資理財做好，中年之後就能掌握極大化的時間，好好妥善運用生命的每一天。書中也提到增加自己時間的訣竅有三：「放棄」「自動化」「委任」。富人會利用這些方法空出時間學習、發展興趣與建立人脈，進而吸引更多財富。

「將金錢花在經驗上。過去的每一次經驗都在塑造我們，這些累積的經驗必定會在我們人生中多次帶來智慧跟力量。」這段話也深深打動我，我們要用錢去換取「不容易買到的經驗」，而非看似昂貴的奢侈品，這跟我的價值觀也相同。我願意推薦此書給每一位想要財務自由的讀者，祝大家都能早日實現夢想，創造精彩人生。

（本文作者為暢銷書《最美好也最殘酷的翻身時代》作者、最會說故事的財經作家）

推薦序

沒有慧根，也要會跟

郝旭烈

記得在唸企管研究所時，除了我們這些直接從大學考上的年輕學子外，還同時有許多在社會上已工作多年，甚至在公司位階頗高的學長姐們和我們共學。

這樣班級的組成方式，對於我們這些從來沒有在企業待過的學生來說，是非常無價的資產。畢竟，企業管理又或者是組織經營，從來不是嘴巴說說的功夫。

這些資深的學長姐有實際的歷練，和看過大山大海、經歷大風大浪後，再學習企管知識和理論的歷程，因此他們每次的個案討論、又或者是分享報告，都讓我大開眼界。

尤其，有幾位學長本身就是創業家和公司老闆，聽他們分享從無到有的篳路藍縷、白手起家過程，常常顛覆我們對於賺錢，甚至是創富的思維邏輯。

就像小時候，父母親每每教導我們的都是要努力用功讀書，將來才能夠找到一份高薪的好工作。但就算再怎麼工作，本質上也是拿自己的時間，又或者說是拿生命來換取金錢。然而，生命和時間是有限的；所以再怎麼透過時間和生命賺錢，也不容易累積令人豔羨的財富。

後來透過學長姐們分享，才知道不管是投資、又或是創業，除了可以「用錢去賺錢」之外，還可以透過「把別人的時間買進來，再賣出去」，以擴張時間的方式來賺錢。

而這種觀念，完全打破自己原有的思維，也才知道「有錢人」想的不一樣，而他們的「致富心態」也和自己的大相逕庭。所以後來我常說：「我們無法成為自己不知道的人，我們無法賺到認知以外的財富。」

回想在兩年企管研究所生涯裡，其實真正讓我獲益良多的，除了是學習和同學美好的情誼之外，更重要的能近距離觀摩這些有財富又有智慧的學長姐。

而在畢業前夕，這些學長姐還特別安排了一個餐會，給我們這些即將踏入社會的學弟妹送上祝福，還講了他們過來人的臨別證言。

讓我印象最深刻的是一位在金融界工作的總經理學長。他說不管是任何產業、又或者是所有工作，其實都沒有絕對好壞之分。他特別希望我們記住一句話，那就是：「三百六十行，哪一行最好？跟對人這一行最好。」

只要跟對了人，有了對的思維、對的心態，就會有對的行動、對的習慣，進而也就會有對的品德和對的命運。

這也和《與成功有約》（*The Habits of Highly Effective People*）作者史蒂芬・柯維（Stephen R. Covey）和西恩・柯維（Sean Covey）說的「思維決定行動、行動決定習慣、習慣決定品德、品德決定命運」不謀而合。

沒有慧根，也要會跟。誠摯推薦這本《有錢人教我的致富心態》，讓我們可以「跟」著作者，全方位理解有錢人思維與作為，並進而「跟」著找到我們企盼的幸福人生。

（郝聲音Podcast主持人）

序言

初次見面，我叫立川健悟。十分感謝你從眾多書籍中，挑選本書翻閱。我是理財規畫師，也可說是一名理財專家，為了協助客戶規畫人生，以及確保未來資金不會斷炊，主要提供累積資產的建議。

老實說，我不是一開始就從事這個工作的。大學畢業後，我的第一份工作是平面設計，後來因為任職的廣告製作公司在經營上出了狀況，所以因緣際會轉職到一間與不動產和ＩＴ有關的企業，也就是「不動產科技」的新創企業。

我在那家新創企業當業務，因為是房仲業務，所以能遇見許多地主或不動產的持有者。

我因此有了寶貴的體驗，能接觸到以房屋資產為主，價值數億到數十億日圓，每月租金收入高達數千萬或數億日圓的「富人」或「超高淨值人士」。

我也很幸運，工作的同時有些富人很關照我，私下會邀請我參加他們的活動或介紹人脈給我。

我在工作之餘，也從許多只有工作往來、沒有深交的富人身上，聽到他們獨特的人生故事或思考方式。我不太清楚確切的數量，不過累積下來聊過天的富人應該超過一百五十人。現在回想當時跑業務的我，只是極為普通的「平民百姓」而已。

最初任職的廣告製作公司在經營出問題後，我開始找工作，當時因為薪水遲發等問題，我的手頭緊到生活費都湊不出來，銀行存款也跌破到不到一百日圓而嚇得自己臉色鐵青。

我跟金錢相處的方式也很隨意，剛開始跑業務、遇到這些富人時，我曾自以為「他們很富有，花錢一定不手軟，不用想太多就可出手消費吧」。

可能是家人、親戚或老家的朋友灌輸了我這種觀念，我身處在一種隱約存在、卻根深柢固於日本社會的「共同幻想」中，我因此覺得「談錢的人很貪婪」或「錢是必需品，但是很髒」。

然而，在遇過許多富人，傾聽他們談話的過程中，我漸漸注意到正是因為他們的觀點或日常習慣異於常人，所以才會成為「富人」或「超高淨值人士」。

富人**不會把錢當成「髒東西」，也不會刻意避免思考或談論金錢的話題**。高調炫富可能會招來不必要的嫉妒，所以他們不會到處宣揚，但**富人比一般人更重視金錢和謹慎使用金錢**。

此外，**富人時常會考慮花錢所得到的價值是否比花出去的金錢本身更多**。換言之，他們對性價比非常敏感。

整體看來，富人對金錢的思維或使用非常「理性」。知道這個事實後，我的人生因此有了翻天覆地的改變。

我不想再過為錢所困的生活，所以跟工作上遇到的富人展開業務對話的同時，也積極訪談他們。因為，我決定詢問富人關於金錢的行動、習慣和思維，然後模仿他們。

結果，過去身為「平民百姓」，銀行存款甚至跌破一百日圓的我，現在已經加入所謂「富人」的行列。

我任職的新創企業當時剛起步，員工人數還很少。我在模仿富人的行動和習慣後業績長紅，歷經幾次升遷後，當上了業務部門的執行董事。後來公司成功上市，我賣出手上大漲的持股，幸運獲得了鉅額的資產。

當時我曾思考要搭上FIRE（Financial Independence Retire Early，財務獨立、提早退休）風潮，不過考量到為了維持已積累的資產，更希望能正視金錢並好好與之相處，同時又期待可以具備最新的金融知識，於是便轉換跑道成為理財規畫師至今。

當然即使在現在的工作中，我除了受教於厲害的諸位前輩，還充分活用了在前一份工作中學到的「金錢教誨」。每當我提出關於富人的習慣或思維的建議時，常常讓客戶感到開心。

大家讀到此處，覺得如何呢？我想你們也想快點知道「富人的理性金錢教誨」是什麼吧。

這些教誨絕不是只有少數人才能實現的特殊內容。只要知道思維或訣竅，就能輕鬆在日常生活中實踐，而且活用的效果還很長久。

富人的「聰明用錢法」任何人都能模仿，卻不是任何人都知道，將其應用於生活中，讓自己更自由駕馭金錢吧！這會讓你的人生變得更加豐富。

來吧，大家翻開下一頁，開始踏上解讀富人金錢理性的行動與思維之旅吧。

第 1 章

富人的「用錢方式」這裡不一樣！

用錢方式

1

富人只會在「物超所值」時掏錢

對每次購物都很講究

你對富人的用錢方式抱有什麼印象？或許有人覺得富人帶給人財大氣粗、花錢不手軟的印象，例如一般人可能以為富人會突然出現在店裡，橫掃貨架上所有商品，或是要店員拿出全店最好的東西吧。

然而，富人告訴我或實際展現在我面前的用錢方式，卻與前述印象截然不同。首先，你不會看到他們因為錢很多，就買下所有很高檔、昂貴的商品。

我對富人的印象是，他們對每次的購物都很講究，會關心「這真的是一筆划算的買賣嗎？」才購入。相較於一般人，他們花錢時看起來更加慎重。

大多數富人在每天的消費中，會非常在意自己支付的金錢是否能得到同等或物超所值的價值。

如果付錢能得到划算的物品或服務，也就是覺得「物超所值」時，富人就願意掏錢；反之，如果不值這個價錢，就算錢包塞滿了鈔票也不會出手。這種時候他們絕對不會掏出一毛錢，這是我的實際感受。

某位富人甚至對我說，「要賣我們（富人）一百日圓的東西，比賣普通人一萬日圓的東西困難」。

由此可見，他們不在乎金額多寡，但絕不會讓自己做不划算或性價比太低的買賣，我覺得這是許多富人共通的基本習慣與思維吧。這也是我在本章最想傳達的重點。

富人不是「吝嗇鬼」

光看上述內容，可能有讀者會誤以為富人之所以是富人，是因為他們都是「吝嗇鬼」吧，但這並非事實。

他們只是無法忍受不划算的「低性價比交易」，但如果是「物超所值」的商品，就會爽快付錢，這也是富人的一大特徵。

倒不如說正因為富人手頭寬裕，就算一般人覺得昂貴的東西，只要他們覺得「物超所值」就會買下，不太在意金額。比方說，店裡有同系列的三種筆電選擇：

入門款：八萬日圓
中階款：十七萬日圓
高階款：四十萬日圓

一般人購買時會思考：「單看性能或設計，高階款比較吸引人，可是四十萬日圓實在太貴了，還是選中階款或入門款吧。」

另一方面，富人如果判斷「對我來說，高階款最有魅力，而且物超所值」，就會毫不猶豫地選擇支付四十萬日圓高階款的選項。這跟討厭花錢、不喜歡自己資產減少的「吝嗇」習性，可說是完全不同的思維。

真正的富人不會打腫臉充胖子

順帶一提，富人在同樣的狀況下，如果認為「高階款的設計和高性能，對自己來說很多餘，入門款就夠用了。不到十萬日圓就能買到所有必備的功能，還真是划算啊」，那他們就會毫不遲疑購買入門款，這也是富人常見的行為。

我覺得富人極少跟別人比較，也鮮少打腫臉充胖子，他們不會覺得「我有一定的社會地位，筆電至少要用中階款，不然可能會被人瞧不起……」（當然也是有比較好面子的富人就是了）。

換上富人的腦袋和心態！

富人只要商品物超所值就會掏錢，不在乎價格高低；
但如果「不划算」，他們一毛錢都不會付，這就是富人。

用錢方式

2

不停思考是否「物超所值」是成為富人的分歧點

就算買百圓商品，也要追求物超所值

我一直覺得**富人在判斷買賣是否「物超所值」上，眼光比一般人更深入、長遠**。

前面我提到富人雖不吝嗇，但不會輕易掏錢購買自己覺得不划算的東西。或許可以這麼說，他們在判斷時會不停思考自己的需求、所處的狀況或買賣成交的長期影響吧。

就算是花一百或兩百日圓的小錢購物，富人也會追求「自己是否從商品上感受到價值」。我覺得能否做到這一點是區分富人與非富人的重點。

可在百圓店學習用錢方式

某位富人曾告訴我，要鍛鍊判斷消費是否物超所值的思維或習慣，百圓商店是最適合的地方。

或許有人懷疑：「富人也會去百圓商店嗎？」答案是他們當然也會出沒這類地方。

只要商品對自己有價值，富人就會不在乎價錢入手，所以如果百圓商店有，他們也不會拘泥於是在哪種類型的商店購買。

所以在百圓商店的收銀台前，排在你後面的叔叔或阿姨其實可能是億萬富翁——這種狀況在日本很常見。

回到原本的話題，百圓商店裡陳列了各種商品，其中有這裡才有的創意商品，也有在超市或量販店也能買得到的東西。

另外，百圓商店裡的商品並非所有都很便宜（最近也有很多標價一百日圓以上），也有一些商品在其他店家買會更便宜。例如，垃圾袋去量販店買會比較便宜，飲料或零食去超便宜的連鎖超市購買絕對更低價吧。

適當的定價加上一枚百圓銅板就能購買的印象，容易讓人不禁覺得百圓商店的商品很便宜，但讀者必須思考：這些商品真的有百圓價值嗎？百圓商店是一個適合訓練判斷用錢能力的地方。

富人在百圓店買與不買的商品

下面我以幾個實例，來呈現富人在百圓商店如何判斷是否購買商品吧。

・買：精美的免洗紙盤

某位富人曾經邀請我去他家烤肉。烤肉結束後我幫忙收拾，親眼看到他把沒用過的精美紙盤丟進垃圾桶裡。

當時還是平民百姓的我，一直以為餐會後若有剩餘的紙盤，應該要存放在櫥櫃的角落、供下次使用才是理所當然的做法，所以露出「因為他是富人，把沒用過的紙盤丟掉才是正常的啊」的表情，看著對方。

結果對方注意到我的視線，開口對我說：「你剛才是不是覺得我很有錢，所以把沒用過的紙盤丟掉也不覺得浪費，對吧！」

我被他看破、不由得苦笑，他則是很有禮貌地分享了自己的想法。他說丟掉當然很浪費，但是就算留下沒用過的紙盤，會用到的機會也很少（確實！）。

而且，假設下次又邀請客人來烤肉，紙盤也沒剩下多少，通常無法滿足人數需求，到頭來多數情況還是要再跑一趟買新的。

這時大多買不到與之前同款的紙盤，為了避免款式不統一，很可能不會使用。還有，他覺得明明紙盤不會頻繁使用，甚至一輩子可能都不會再用到，家裡空間卻被占用不是好事。

他說的話確實有道理，只是我沒想到他對免洗紙盤這種小東西卻抱持著如此縝密和長期的觀點，因此非常驚訝。

對方看到我露出一臉佩服的表情，又笑著加了這麼一句話：「而且，這是在百圓商店買的紙盤啊。」

當時我深信富人不會去百圓商店那種地方，聽到這話時又再次感到訝異。一問之下我才知道，這種免洗的派對用紙盤，是某家百圓商店的商品，因為外觀精美、品質又好，所以是他的心頭好。

因為是烤肉派對上短時間使用的物品，所以只要功能或設計足夠即可，而且價錢又便宜，可說是物超所值。他經過這樣的判斷，才會使用百圓商店的商品。

附帶一提，聽完他的想法後，我開始整理家裡的收納空間，把沒計畫使用、只是順手囤積的物品全都處理掉，然後將室內散亂的物品放入清出的空間中。還有購買某樣東西時，我也會告訴自己「若用不到就立刻丟掉」。這麼做之後，首先生活空間變得很清爽、乾淨。

不僅如此，我開始想「這個東西就算買了，很可能用不到就會馬上丟了」，因此成功減少了未來不必要的購物。

跟這位富人談話讓我印象深刻，也成為我重新思考「用錢方式」的契機。

•買：客廳的消耗品

某位富人非常注重自家書房，想將書房空間打造得很舒適。為了提高自身幹勁，發揮最好的表現，他強烈希望圍繞在自己精選的物品環境中，因此對書房沒有半點妥協。

他曾經帶我參觀過書房，裡面充滿了各種有緣由、故事的高檔家具或文具，是一個擺滿興趣物品和愛書的豪華空間。當然，裡面絕對不會出現百圓商店商品。

然而，這位富人在意的空間只有書房，在與家人生活的空間裡，像擺放在客廳的物品可說毫無半點講究。

所以，大量放置在這些地方的消耗品或塑膠用品，一眼就能看出大概都是百圓商店的東西。

雖然這位富人的情況比較罕見，但可以看出當富人覺得品質夠用就好時，在日常生活中也會經常使用百圓商店商品。

・不買：洗碗精

反之，某位富人曾說過自己絕對不會在百圓商店買洗碗精。聽說她在餐桌上使用的高價餐具，如果是品質太差的洗碗精，其中的化學成分有可能造成寶貴的餐具受損。

而且她也覺得百圓商店的洗碗精常會洗不乾淨，要是「貪小便宜卻吃大虧」，她可真是會受不了。

前面介紹了三個例子，大家應該能理解，就算是富人也會思考單價一百日圓左右的商品是否物超所值，然後再決定要不要購買。商品不管多便宜，富人都希望盡可能得到凌駕價格之外的價值。

我要再三重申，我認為能否持續思考每一筆消費是否超乎價格外的價值且不懈怠，是影響一個人是否能成為富人的重點之一。

換上富人的腦袋和心態！

不隨便亂買東西，就算是便宜的商品，也會以多元且長期觀點思考利害得失，且只買對自己有價值的商品。能這樣做的人，才能有效使用金錢。

用錢方式

3

不讓自己陷入「被迫購買」的窘境

貫徹原則：只入手想買的東西

你喜歡「促銷特賣活動」嗎？換季或新年的大拍賣總會聚集人潮，但在那裡不太會看到富人的身影。相對地，富人卻是在百圓商店或超市出沒。

他們不去促銷活動的理由，可大概分為兩種。**其一是富人只想把錢花在「真正需要」或「想買」的東西上**。

或許可以說，富人這麼做是在避免因賣家的方便而讓自己被迫陷入購買的狀況吧，因為人在無意識之間會收集對自己有利的資訊。

就算是原本沒打算購買的商品，聽到店家的吆喝聲或店員巧妙的推銷，我們腦中就會浮現「原來如此……這樣的話，或許有了這個東西生活可能會比較方便呢……」，然後自行補腦，以對自己有利的資訊或理由，正當化購買行為。這種心理作用在行動經濟學裡，稱為「確認偏誤」(confirmation bias)。

富人打從一開始就選擇不去促銷特賣活動，就是為了避免陷入這種狀況。還有很多富人在電商網站買東西時也一樣，只完成此次購物行動目的、下單後，就馬上關掉網頁。

店家為了讓靠著促銷特賣活動吸引來的顧客買更多商品，會使出各種銷售策略。不只是店員會出聲攬客，還會利用經過科學驗證、能強烈影響客人視覺或心理反應的技巧，如廣告、店內展示或限時促銷等。

人在現場的話，就很容易被「這邊是推薦給你的商品」或「買了這項商品的人也買了這個」之類的引導式銷售來來回回轟炸，而被牽著鼻子走，所以很多富人打從一開始就選擇不去促銷活動，不進入「百分之百會被推銷的場域」。

買東西看「價值」，而非「價格」

富人不去促銷特賣活動的另一個理由，**是因為他們判斷購買時機的基準，是對自己來說現在是否需要這樣商品，而非它價格是否便宜**。

我的妻子偶爾看到好看的衣服不會當下購買，反而盤算「等促銷特賣再買」或「降價再買」。

然而，如果那件衣服後來實際列為促銷品那還算好，但一旦成為促銷品，衣服常不是很快就銷售完畢，或是想買的顏色或尺寸斷貨，更慘的是根本還是以原價銷售。

有些人遇到這種事會受到不小的打擊。若商品是自己覺得非常需要的，就應該抓準時機入手。

如果是衣服，不僅光是買入，你的幸福感便會提升，而且入手當天開始就立刻有很多機會可以穿。買入時機愈晚，穿上它的機會也會逐漸減少，難以發揮衣服原本的價值。

富人大多會如此思考，所以若有想要的商品就不會等到打折，而是馬上購買，自然也不會去促銷特賣活動。

親自跑一趟家電量販店

我曾經遇過一位富人，他不會去店鋪舉辦的促銷特賣活動現場，卻喜歡去能議價的家電量販店。

因為，對他來說可以透過跟店員交涉，能夠「當場議價」才是重點。那位富人說：「特別是新上市的家電，只因為是『最新型號』，價格就會設定得比較貴，所以容易透過議價拿折扣。」

能夠自行議價，自行決定是否購買，這或許也很符合至今說明的富人態度與感性吧。

在必要的時間點，用適當的價格購買物超所值的物品，這是我從富人身上學到聰明花錢的一大原則。

換上富人的腦袋和心態！

促銷活動的定價雖然便宜，但有可能因為被推銷而亂買東西。
富人認為打從一開始就不要靠近這種危險情境比較安全。

用錢方式

4

錢要花在無法直接購買的事物上

鄰近車站的不動產再貴也要買

富人知道金錢無法直接買到的事物才有價值，比方說往返職場的通勤時間，上面不會有標價，所以無法直接購買。

但是你用目前的月薪除以工作時間，可以算出實際的時薪，就能了解通勤會花多少費用。或者，如果你乘電車通勤可以用定期票費用計算；若是開車通勤就用油錢計算，都可以大概算出通勤所需的費用吧。

在通勤上花的時間絕對不是免費的，富人對這種「時間成本」也很敏感吧。**有不少富人會承租或持有車站附近的物件並當成自宅居住，以將通勤時間縮到最短。**

當然車站附近的不動產在租金或賣價上都比較昂貴，但因為富人有錢，所以不會在意。因為他們判斷能縮短每天少量累積的通勤時間，比起購買鄰近車站物件的金錢更有價值。

順帶一提，不動產持有者或地主不用工作的情況屢見不鮮。即便如此，他們多數還是會挑選車站前這類日常生活機能方便，鄰近醫院和超市、常去店家、小孩的安親班、才藝班或政府行政相關設施聚集的繁榮地方，然後在附近徒步幾分鐘可抵達的地方準備自住房。

偶爾會有世代都是地主的富人住在郊外的別墅，但如果是富一代或富二代幾乎都會選擇住在車站附近。

此外，在我印象中富人比較少住在感覺很高檔的高樓大廈豪宅中。或許是因為富人已預見日本從二〇二四年開始，高樓大廈將無法降低遺產稅，而且住在高樓層想外出購物都得搭電梯，未必方便，此外跟舒適度相比豪宅價格也偏高，所以才會做出這樣的判斷吧。

富人很高比例隱居在普通公寓大樓的中間樓層，而不是最高樓層，他們還喜歡挑選隔間較為寬敞的房子。

挑選鄰近車站的物件可節省生活或通勤的時間成本，且相較於郊區別墅也比較好邀請朋友來家作客，性價比也優於已經變差的高樓大廈。

富人為了得到「錢買不到的價值」而選擇近車站的物件，若出現自己能夠認同的物件時，他們就會毫不吝嗇地掏錢，他們就是這樣的一群人。

富人花錢買「知識」或「資訊」同樣不手軟

如同選擇臨近車站的住家位置可縮短通勤時間，富人對輸入腦中的知識也不會貼上便宜的標價。

但我要重申，**正是「無法直接用錢買到的東西」才是讓人生活更有利、更安全的重要關鍵**，富人非常清楚這一點。

因此富人還有一項特徵，他們覺得如果能學會新技能或知識經驗，得到能與朋友、認識的人聊天時可利用的資訊，也就是為了新知識、資訊或最近流行的「職能再造」花錢就不會手軟。富人為了能早日得到這類資訊會不惜辛勞。

附帶一提，我曾問過富人是否有推薦的資訊收集方式，幾乎所有人都一致回答「看書最好」。

當然收集資訊的方式因人而異，但我觀察到許多富人每個月都會買好幾本書，是閱讀愛好者。

美國雜誌《Business Management Degree》曾刊載過一份調查閱讀數量的研究數據資料，顯示美國的富裕人士中約有八八％的人一天閱讀商業書籍達三十分鐘以上。日本同樣是已開發國家，所以閱讀量大概不會差太遠吧。富人愛閱讀有一定根據。

微軟（Microsoft）的前CEO比爾・蓋茲（Bill Gates）也是知名的大量閱讀者。他在暑假前或年底會向投資人推薦自己讀過的好書，這每年的例行公事總是受到外界矚目。

若傾聽富人的說法，他們會這樣覺得：

電視基本上雖能免費收看，可是這種媒體只會在後面苦追市面上已經流行的話題，因此資訊不夠新，時間效率也很糟，所以我最近看電視的時間減少了。而網路資訊大多是從整體擷取出部分內容，不見得可信。相較之下，書本經過出版社的編輯過程，有某種程度的可靠性，而且只要讀完整本書，就能系統性的學習該領域的知識，所以是很棒的方法。

我認識一位好奇心旺盛的富人，他也說「書本大多會顯示發售當時的社會需求或趨勢，所以最適合當成獲取資訊的源頭」。

為了及早從具這種特質的書籍中獲得資訊，富人常會在發售日前便上網預購，並在出版日當天送達家中。因為在出版日當天買書，不僅能最快獲得最新且值得信任的資訊，還能把最新資訊當成談資。

我到富人家拜訪時，他們曾告訴我自己完全不知道的全新知識或觀點，然後笑著跟我說「其實這些內容都寫在今天出版的這本書上了」，這種經驗我遇過不只一、兩次。

還有一位富人告訴我：「比較少人會知道今天剛出版的書寫了什麼，所以加上一些自己的意見或價值觀後跟周圍的人分享，光這樣做大家就會誤以為你很厲害（笑）。」

不論如何，富人認為信得過的新資訊具有金錢買不到的價值，而且願意積極購買。

有位富人曾表示「只要閱讀，跟周圍的差距就會愈來愈大」，我聽了這番話後也開始覺得付錢買書是對自己的投資，所以不太會限制自己買書與閱讀，我實際感受到這對我的工作和私生活都帶來了很大的改變。

所以只要是有興趣的書，我一定會預購，書出版當天就能直接寄到家裡，而且到書店我也一定必逛「新書區」。上述內容請大家務必參考。

換上富人的腦袋和心態！

時間或知識都是沒有標價，無法直接用金錢購買的東西，人生要活得更安全和有優勢，這類「無標價之物」相當重要。金錢要花在這些東西上，不要覺得可惜。

用錢方式

5

錢買不到「健康」，但買得到「不健康」!?

為何富人喜愛散裝零賣，而非整包購入？

「我們家很喜歡吃肉，有多少就吃多少，所以我們不會買整包的肉品。」某位女富豪曾對我這麼說。

如同時間或知識，「健康」也是有錢也買不到的無價珍品。富人很清楚知道人生中錢買不到的東西才最珍貴，所以在我印象中，很高比例的富人非常注重健康。

他們為了維持健康會均衡且適量飲食，而且一定會運動。但或許食欲是生物原始的需求，任何人都很難控制。眼前有甜食或美食，不管是誰都會不小心吃太多。

這位女富豪知道家人和自己的意志都很薄弱，所以常以「秤重零賣」的方式購買家人最喜歡吃的肉品。這是因為超市包裝好販售的整包肉品比較難調整用量，總是會做出肉量稍微過量的料理，所以她每次都會注意只買足夠分量即可。

其實半數以上的富人在家裡料理每日三餐。大家對富人的刻板印象會以為他們習慣叫知名廚師來家裡掌廚，在家就能享用高級料理，但這只出現在舉辦大型活動的場合。只有極少數皇宮貴族等級的超級富豪世界，才會讓女僕或幫傭做料理。

半數以上的富人家庭，還是跟一般人一樣去超市購買食材在家烹煮，因為這樣性價比高，而且有益健康。我想很多富人會跟本節介紹的女富豪一樣，採取零售秤重購買的方式吧。

重視中長期的性價比，而非短期的

多數富人會留意飲食適量，所以一般對吃到飽或自助餐（Buffet）形式的餐廳評價較低。這類型的餐廳總會擺放各種料理讓人目不轉睛，不自覺每種都想嚐一口。

這就是行動經濟學的「沉沒成本」起了作用，覺得「錢都花了就要吃到最後一刻，多少把本金吃回來」。

結果等回過神來已經吃太撐，不僅肚子很難受，從中長期來看對健康肯定也有不良影響。所以才會有許多富人做出理性判斷，覺得打從一開始就不要去這種類型的餐廳用餐。

在一般人眼中吃到飽或Buffet形式的餐廳很受歡迎，就是他們優先把「一點錢就能大吃特吃，很划算」的性價比思維，套用在無價的健康上。用錢買不到健康，但從某個角度來說，或許不健康可以花錢買吧。

富人很清楚**不要讓自己習慣於，優先以性價比來思考健康等用錢買不到的寶貴事物上**。為了自己的健康好，希望大家也能學習富人的思考方式。

換上富人的腦袋和心態！

健康是花錢也買不到的寶貴之物。
富人有時會刻意選擇些許不便，避免習慣以性價比優先的思考方式套用在這類無價的珍貴事物上。

用錢方式

6 為維持人脈，購買、餽贈吃完就沒的伴手禮

低成本卻有助於建立人脈的伴手禮

如同富人珍惜時間、資訊和健康，還很重視「人脈」。用錢絕對買不到真正有用的人脈。正因如此，**大多數富人平常就會努力開拓新人脈或維持、聯繫舊人脈，必要時更會毫不吝嗇在人脈上投資金錢**。

雖說是投資人脈，但不見得都要花上大筆的金錢。富人共同投資在人脈上的物品是「外出旅行的伴手禮」。

比方說，我認識一位富人非常熱愛旅遊，每次見面他都會跟我聊前幾天去哪裡出遊。同時，還會給我一份當地知名的點心或餅乾等食物類的伴手禮。這樣的小額投資應該任何人都能立刻模仿。

知名的地域性點心或餅乾等食物類的名產，大多是手工製作且保存期限很短，也有不少是「當地才買得到」的限定商品。

對方若是拿到這類地方的點心餅乾，不僅會對當地開始感興趣，也會因為單純沒吃過而覺得新奇、感到開心。

我至今從這位富人手中收過岐阜縣的「栗金團」、長野縣的「飴煎餅」、滋賀縣的「琵琶湖產 佃煮天然小香魚」、愛媛縣的「甘平」和熊本縣的「譽之陣太鼓」等伴手禮。我因此多次對這些地方產生興趣，實際也跟家人去這些地方旅遊了幾趟。

大家可能會覺得這不過是一份伴手禮，但是**如果對方像養成習慣般頻繁地送禮給你的話，你下意識就會出現自己以後一定要回禮的想法**。以建立人脈的投資來說，我感覺這麼做會帶來無法輕忽的效果。

除此之外，伴手禮絕對不能挑選觀光地特有品味的奇妙裝飾品。因為這種物品只有在奇蹟式的符合自身品味的情況下，才會買來當成自用禮物；如果送人，收到的人反而會覺得很傷腦筋。我從來沒有從富人手中收過這種類型的伴手禮。

富人「述說經驗的方式」也不同

下述內容跟用錢方式可能關係不大，但我發現富人在談論旅行話題時有不同於常人的特色，他們能看見不同與常人的特徵，即傳達內容時的立場。

通常我們會說「我去○○旅行回來，體驗了△△喔」，不過這種說法聽起來像炫耀文。富人當然也會這樣說，然而不同的是他們大多會多說一句：「我覺得你去玩的話，一定也能從△△的□□身上感受到魅力的」，也就是站在聽者的角度思考並提出提議。

有時他們為了讓聽者能體驗比自己更好的旅遊經驗，會說：「如果下次再去的話，我也想玩◇◇。」以提及自己的失敗經驗或在當地要注意到的事情，給聽者建議。富人建立人脈的豐富技巧，也顯現在這類表達方式中。

換上富人的腦袋和心態！

有些富人會購買旅遊景點限定的知名點心或餅乾當成伴手禮，投資在建立人脈上。因為金額不大，所以一般人也容易模仿。

用錢方式

7

注重高價品的維護費或轉售價值，購買並非為了炫耀或眼前價格

令人意外的是，多數富人都開很普通的車

如果有人問「富人平常開哪一種車」時，你會想到什麼車款？法拉利（Ferrari）？藍寶堅尼（Lamborghini）？保時捷（Porsche）？的確有些富人喜歡開這種高級跑車，但只限於愛車人士。

我實際遇到富人最常開的，其實是極為普通的油電轎車。具體來說就是豐田（TOYOTA）的Lexus、Crown或Prius的車款，或是賓士（Mercedes-Benz）的C系列或BMW的3系列等。這些車款多少有高級車的感覺，但你是不是也覺得「出乎意料的普通」，對吧？

子女年幼、家裡人口數比較多時，有些富人會開Toyota Alphard等多功能休旅

車，等到孩子獨立後則改開轎車。

但幾乎沒有富人會開輕型車，不過他們還是喜歡方便轉彎的小車，有人會選擇ＢＭＷ的Mini（Cooper）。

順道一提，如果他們的身分是企業老闆的話，大多會選擇賓士轎車，因為容易以公司的經費處理。

最近雖然偶爾也會看到開特斯拉電動車的富人，但令人意外的是，電動車其實不太受富人歡迎。

選車看維護費和轉售價值

我認為**富人主要選擇前述的車款，與汽車的維護費用和轉售價值大有關係**。

名流感爆棚的高級跑車，維護費相較於普通汽車是怪物般級別。有位實際持有高級跑車的富人也曾告訴我：「我是因為喜歡才開的，稅金（汽車稅）就別提了，連車險和車檢也比普通車貴上許多，跑車真的是高成本的代步工具。」

另外，看起來像富人會開的保時捷Cayenne或賓士G-Class這類高級休旅車，可能會因為車身高度或輪胎寬度超過標準而無法停在某些停車場，有時不太便利。

很多富人在意高額的維護費或方便性不佳的問題，所以不會選這樣的高級車當代步車使用。

此外，富人也不會積極挑選好萊塢超級名流等搶著開的純電動車，主要理由有二，其一是方便性還有待進步，其二是換車時的轉售價值太低。

關於純電動車的轉售價值，一般認為實際上可能只是部分車種會產生的問題，但價值低於油電混合車或汽油車還是不爭的事實吧。因此，堅持花錢要物超所值的富人，就現狀來說不會挑選純電動車。

話雖如此，我路過日本東京南青山的特斯拉展示中心時，偶爾會看到正在考慮是否買車的藝人或公司老闆的身影。純電動車在日本國內的熱度急速上升，所以富人不選純電動車的趨勢今後或許會隨潮流而改變吧。

不管如何，期待維護費和轉售價值都有高性價比的，不會是高級車或純電動車這類「頂級車款」，而是獲市場好評且二手車需求也高的車種。這樣一來，在日本大家很自然就會挑選油電轎車了。

而實際上**白色或黑色車款易於增加轉售價值，這也是多數富人實際會挑選的顏色**，從此處也能看出他們很重視轉售一事。

從這一節可以學到：要購買像汽車這類昂貴的物品時，不要只看商品現在的價格，而是應該把目光放遠，深入思考每天的營運成本或幾年後的轉售價值。

附帶一提，富人在購買前一定會思考轉售價值的物品還包含：高級手錶、名牌包或珠寶。

換上富人的腦袋和心態！

購買高價物品時，不要只看眼前的付款金額，應該考慮維護費或轉售價值。

用錢方式 8

以「這個好」而非「湊合著用」來減少支出

買不愛的東西只會增加支出

某次我在Outlet買了一個公事包，之後有位富人看到包包時開口問我：「為什麼你想花錢在這個包包上？」

我只是因為這款公事包剛好在打折促銷而購買，於是回答：「沒什麼特別的，只是湊合著就買了，我沒想太多。」

接著，對方點出：「**因為妥協而花錢，會很難喜歡上自己買的東西，到頭來只會增加支出而已。**」

跟大家說明最好懂的例子是「塑膠傘」。在富人家中幾乎不會看到塑膠傘。他們只會花錢買自己覺得有價值的商品，幾乎所有人都很珍惜三千日圓以上的昂貴雨傘。

一方面，塑膠傘很便宜，只要花五百日圓左右就可入手，而且到處都買得到，所以大家就比較不珍惜，就算放在某處忘了拿也不會在意。

五百日圓的塑膠傘，買六支就是三千日圓。如果弄丟好幾次，到頭來支出的金額會高於一把三千日圓的傘。

任何物品都一樣，只要常常使用，付出的金錢才能產生相對應的價值。只要拿著自己喜愛的雨傘，就會特別在意有無使用機會，弄丟雨傘的次數也會大幅減少。

富人認為好好使用喜愛的物品，便等同於減少多餘的支出。

「減少一成的支出」比「增加一成的收入」簡單

現在是薪水不漲、物價和稅金等的負擔增加的時代，我們必須用更嚴格的眼光審視支出。

這不是要你拚命省，忍著不花錢，而是希望大家應該像富人一樣，把錢花在自己感受到價值的東西上。

「要增加一成收入很困難，不過要減少一成的支出很簡單。」這是一位富人告訴我的。的確如此，相較於賺進口袋的錢，人比較容易控制花出去的錢。

舉例來說，訂閱型服務在不知不覺中變成「定期支出」，但其中是不是有些服務你幾乎沒在使用？

我們應該每三個月到半年盤點一次，退訂不需要的服務。大多數的富人不怕麻煩都會這麼做。

假設每個月可以減少一萬日圓的支出，一年就能省十二萬日圓，十年就是一百二十萬日圓，三十年就是三百六十萬日圓。

如果這麼做，把省下來的錢拿部分或全額去投資，花時間讓它慢慢滾大，就算不做什麼特別的事情也能建構出一筆資產。

省錢技能可以活用一輩子，最好參考富人的方式，學起來以後可以用。

從「湊合著用（妥協）」轉換為「這個好（價值）」

我從富人身上學到的省錢訣竅，就是花錢時以「這個好（價值）」的思維挑選商品或服務，而非抱著「湊合著用（妥協）」的心態。

「湊合著用」帶有「實際上還有其他東西更好，自己是不得以才選這個」的含意。一旦抱持著這種想法花錢，就不會記得自己對這個商品、服務的喜歡，或購買獲得的滿足感，結果就如塑膠傘的例子般，反倒造成支出增加。

反之，「這個好」伴隨著價值的評估和本人主觀的判斷，所以能對商品或服務感到喜愛和滿意。

在日常生活中，買東西總是想著「湊合著用」的人，從此時此刻這個瞬間開始就可以留意試著改說「這個好」。

光是改變措辭，就會比較容易覺得自己花的錢有價值，並且提升滿足感。從結果來看也能抑制多餘的支出。

換上富人的腦袋和心態！

因為便宜而「湊合著用（妥協）」就買下，到頭來只會讓支出增加。把「這個好（價值）」當成挑選基準，喜愛程度和滿足感都會提升，進而避免浪費。

用錢方式

9

首先購買「每天長時間使用的物品」，提高生活滿意度

不在「床鋪和枕頭」上省錢

我問過某位富人：「什麼東西是你願意砸大錢買的？」他的回答是「床鋪和枕頭」，我感到很訝異。

他的理由是「從每天最長期使用的東西依序花錢，能得到比較高的滿意度」。這稱為「舒適原則」，意指**依照每天使用時間的長短選擇購買物品，即可提升日常生活的滿意度或幸福感**。

據我所知，常說「對自己生活不滿意」的人，手邊有許多平常不太用到的東西，像名牌包。

在意床鋪或枕頭的富人則表示：「我可以理解想把錢花在打扮、裝點上，讓自

己看起來更體面的行為，不過以花錢的順序來說，這樣不對呢。」

因為不管看幾眼名牌精品都無法療癒身體的疲勞。如果是站在日常生活的角度思考，為了療癒一天的辛勞，把錢花在每天會用六到八小時的床鋪等寢具或睡衣上，反而才能提升生活滿意度。

如果是遠距在家工作的人，花錢購買長時間使用的椅子或工作桌就是聰明的用錢方式。跟家人長時間共享家庭生活的人，客廳裡擺放的家具應該是花錢順序比較高的物品吧。

請試想以下兩種生活方式：

第一種 在牆上掛著名牌服飾或包包的房間中，坐在不合體型的椅子上，在高度不夠的餐桌上吃飯，心情煩躁地使用反應很慢的手機，然後睡在不舒服的床鋪上。

第二種 牆上沒掛任何東西，不過能在符合體型的家具上用餐，一手拿著用來很舒適的手機，然後睡在舒服的床鋪上。

答案很明顯，後者的日常生活滿意度會比較高。聽說日本企業家堀江貴文等眾多資訊科技類的經營者，每次只要有新手機上市就會換機。因為他們認為手機是長時間使用的日常用品，把錢花在上面能減少自身壓力並提高滿意度。

依家人各自的「舒適原則」用錢

跟家人一起居住，需要考量各別家人各自常使用的場所或物品的順序，這一點很重要。

拿我家來說，我待最久的地方是「遠距工作的辦公空間」，而妻子和兒子長時間停留的地方則是「客廳」。

之前剛好家裡想翻修，於是我們把一個房間的隔間打掉，讓客廳更寬敞，妻子和兒子的生活滿意度也大幅提升了。

同時我也在客廳旁新增了一個工作空間，不僅我的滿意度跟著提升，家人聚集在客廳的時間也增加了。

另外，每個家人長時間使用的物品也不一樣。我為了工作，最常使用「桌子」；妻子是能邊做家事邊追韓劇的「沙發」；兒子則是用來觀賞他最喜歡的《星際大戰》（*Star Wars*）系列的大螢幕「電視」，人人長時間使用的物品不盡相同。

從每天長時間使用的物品，依序選擇自己滿意的東西、不要妥協，這樣你不僅會更珍惜它，還能在生活上獲得很高的滿足感。這就是富人正在實踐的聰明用錢法。

換上富人的腦袋和心態！

排列出一天待最久的場所和用最久的物品，然後依序花錢。這樣不僅生活滿意度會提升，還能度過舒適的每一天。

A先生過度節約，沒有與家人創造共同回憶而妻離子散

今年七十多歲的A先生住在日本東北地區，年輕時在當地就業，生了兩個小孩後工作到退休。

A先生高中畢業後，相較於周圍的人大多選擇就職，他決定到東京讀大學，因此在當地頗受矚目。大學畢業後回到故鄉，他說自己看不起老家的鄉下人，「我覺得大家看起來都像笨蛋」。

他似乎因為在東京求學過，本身有的資訊量比鄉下人更豐富，所以自視甚高。

另一方面，在思考金錢方面，他以大學時代浪費度日的朋友為反面教材，根深柢固地養成盡可能儲蓄、不花錢的想法。

比方說，日常飲食都讓當家庭主婦的太太準備，小孩從小沒在外面用過餐。

A先生連安排過夜的家族旅遊都覺得奢侈，所以一生中他從來沒有和家人一起旅行。他以自己不是基督教徒為由，從來沒有給小孩準備過耶誕節禮物。

A先生常唸給小孩聽的書籍是伊索寓言的《螞蟻與蚱蜢》（*The Ant and Grasshopper*），而且總是把「如果光顧著玩，以後可會傷腦筋」掛在嘴邊。為了「老後能讓家人過上不缺錢的生活」，他一直拒絕小孩想外出遊玩的請求，也杜絕了朋友遊玩的邀約。

然而退休後，等他留意家庭領域時，孩子們已經到外地就業。A先生總表示「回老家浪費錢」，家庭成員因此從未全員到齊、參加過家鄉的祭典等活動，所以孩子們對故鄉也沒什麼留戀，幾乎都不回老家了。不久後，他的妻子也離家了。

A先生現在雖然不為錢所苦，但妻離子散讓他感到非常沮喪。「我到底哪裡做錯了？」他來找我商量。

我請他回顧自己花錢的時機和說明這麼做的原因，但還是希望他能正面思考未來，於是我建議他「從過去的失敗中學習，然後把錢投資在未來」，這是我從富人身上學到的。

富人不會再犯過往在金錢上的錯誤和持續懊悔，因為他們透過分析失敗的原因，知道等下次遇到同樣的事情就能做得更好的祕訣。即使失敗一、兩次還是掌握不到訣竅，但只要持續分析失敗原因，總有一天會掌握讓一切順利的方法。

我自己也一樣，到了三十多歲才嘗試業務性質的工作，有段時期因為連續的失敗而感到意志消沉。不過，我從富人身上學會上述觀點後，透過實踐掌握了訣竅，開始能主動接受失敗了。

我對A先生做了以下的建議：「從現在開始也不遲，試著把錢花在孩子或孫子身上，如何？」

因為我覺得A先生若繼續現在的生活模式的話，無法與家人創造回憶。趁老後手頭比較寬裕，這樣有效使用金錢應該比較好。

富人常說「能獲得最大效果的投資對象，就是自己的孩子」。孩子不僅能為你製造重要的回憶，總有一天也會繼承你的資產。只要有希望把孩子栽培成比自己更優秀的人才的想法，並投資他們，未來肯定會有回報。

我想到這句話，同時告訴A先生說：「您也可以試著把人生一路累積的經驗或學到的事物，多少傳承給下一個世代，你覺得如何？」

現在A先生會定期到外地看孩子和孫子。突如其來的頻繁造訪，一開始讓原本不怎麼親近的孫子每次見面都會哭，不過聽說現在已經可以一起合照了。

「總有一天我要和妻子一起去看孫子。」看到他變得正向、樂觀的模樣，我真的覺得太棒了。

第2章

對行為經濟學免疫的「富人思維」

富人思維

1

富人能理性判斷和行動，不受行為經濟學左右

如何始終維持理性的判斷與行動？

有些人即使知道「富人理性的用錢方式」，卻很難付諸實踐吧。因為人類有突然做出不理性判斷的傾向，例如「明明功能都一樣，卻不自覺買了昂貴的那一款」或「這東西明明沒必要，但看身邊的人都有自己就很想要」等。

傳統經濟學認為「人類經常秉持著理性來判斷和行動」，覺得不論個人、社會或政府在行動上都會追求最大利益和最小損失。

然而，實際上人類會因直覺或感情的影響，而做出不理性的行為。「行為經濟學」就是將焦點放在這種不理性的內心變化上，嘗試以此解讀經濟動向。

一般認為，行為經濟學能有效掌握股價和匯率等的金融動向，和個人消費相關行動等的經濟動向，因此也被大量活用在現代社會的促銷策略中。

換句話說，**我們常會被基於行為經濟學的銷售策略所誘導，做出「不理性的判斷或行動」**。若你會不自覺地購買非必要或原本沒打算購買的東西，代表你被行為經濟學的理論牽著鼻子走。

反過來思考，這也表示只要能「不受行為經濟學的影響」，理性判斷或行動的比例就會增加。體現出這一點的就是富人，他們大多跳脫行為經濟學，能做出理性的判斷或行動。

我們透過本章理解行為經濟學的同時，學習富人能不受影響並做出「理性判斷的思維」吧。

「損失之痛」是「獲利之喜」感受的兩倍

請大家想像以下的場景。

・例子

你在路上撿到一萬日圓，放入口袋後卻又把那一萬日圓用丟了。明明錢是你撿來的，卻感覺到自己吃虧了。

・行為經濟學理論

此例可用心理學家暨行為經濟學者：丹尼爾・康納曼（Daniel Kahneman）提倡的「展望理論」（prospect theory）來說明，這是理解行為經濟學的重要理論。

展望理論呈現了人類「在不確定的狀況下進行決策時，會產生認知偏誤」的決策模型。人在決策時，不會只看客觀事實，還會受到自身處境的影響，因為個人情感等偏誤而無法做出理性決策。

在上述例子中，理性來看你得到和失去的金額一樣，所以不會有「得」和「失」的問題。明明是同樣的金額，但「賺到一萬日圓的喜悅」和「損失一萬日圓的悲傷」，卻造成不一樣的心理衝擊。

研究結果顯示等量的「獲得」和「損失」相較，人對「損失」的感受度大約會變成兩倍，因此實際上明明是毫無損失，人卻會覺得「自己好像吃虧了」。

・富人如此思考

大多數人都會有這種情緒偏誤，但令人訝異的是富人卻不在此限。當然不是所有富人都如此，但多數富人會認為「獲得」與「損失」的感受是同樣程度的。

我學到行為經濟學的展望理論後，曾經調皮地問了幾位富人若遇到剛才的「撿一萬日圓後又弄丟」的情緒變化。

結果大多數的富人都爽快地說：「手邊的金錢數量沒變，情緒上也不會有變化吧。」「資產沒有增減的話，我不覺得會怎麼樣。」這種回答真是理性得驚人。他們是一群連一塊日圓都很珍惜的人，所以會這樣反應並不是因為資產太多，並非區區一萬日圓打動不了他們」。

我注意到不容易受情緒影響的富人與容易受影響的一般人，在「金錢觀念」上有很大的差異。

富人把金錢當成普通的「數字」，而相對於此一般人則認為金錢是珍貴的「物質」。

富人平常就在管理自己的資產或金融投資，已經習慣把金錢當成普通的「數字」，所以數字的增減對他們不會造成情緒上的變化。

另一方面，一般人容易把金錢當成錢包中的零錢或紙鈔這類貴重的「物質」。我認為或許就是基於此，他們才會對金錢產生特殊情感或占有欲，進而出現嚴重的情緒偏誤。

・我學到並實踐

我注意到這個差異後，馬上決定減少身上的現金，全部改用信用卡或交通票證類的ＩＣ卡結帳。

這麼做之後，很奇妙的是我開始體會到把金錢當成「普通數字」的感覺，受得失情緒影響的狀況也大幅減少了。要控制情緒、理性判斷，把金錢當成普通的「數字」是非常有效的方法。

換上富人的腦袋和心態！

富人大多能跳脫行為經濟學的理論，做出理性的判斷或行動。

把金錢當成「數字」，會比較容易控制情感上的偏誤。

富人思維

2

富人不會被「大家都有」的流行牽著鼻子走

不能跟周圍採取一樣的行動

・例子

原本你沒打算買某個商品，但看到大家都有自己也想要就跟著入手了。每個人應該都有這樣的經驗吧。

除此之外，「覺得有人排隊的店家比沒人排隊的好吃」或「去超市買同類型的商品時，覺得熱銷的商品會比賣剩的好」也是同樣的心理機制在運作。這是人類基於「大家都會去（擁有）」的安心感所下的判斷。

・行為經濟學理論

在行為經濟學裡，將這種跟周圍採取相同行動的行為稱為「從眾效應」。從眾效應的英文是「bandwagon effect」，bandwagon是指遊行的樂隊花車，而從眾效應就像是跟在花車後方的隊伍。

我們在路上常會看到的廣告文案，像「本店最受歡迎的商品」「榮獲芥川賞！」「累計銷售破萬個！」「下載次數破百萬！」也都是希望能喚起消費者的從眾效應。

不只是廣告文案，店家也會善用從眾效應。例如，有些餐飲店會刻意減少桌數，意圖製造門庭若市的景象。店家希望創造顧客在店外大排長龍的效果，是為了讓路人覺得「這家店人氣很旺」。甚至有些餐廳老闆在剛開店的前三個月會刻意減少座位數，這招可說是很有效果吧。刻意安排暗樁產生車水馬龍的效果，也是善用從眾效應的例子之一。

就像這裡提到的，街上充滿了許多銷售端刻意為之的巧思，意圖製造契機引發非預期的購物，所以多數普通人會受到從眾效應的影響而不自覺。

・富人如此思考

然而，富人卻不一樣。他們會以主動使用金錢為行動主軸，不會被陌生人鼓動就隨便花錢。

富人在花錢時，會無視可說是周遭雜音的廣告，更傾向於直接朝目標前進，盡快結束購物。

有絕對不會去逛換季特賣的富人，我詢問他理由時，他表示「因為廣告會動搖我的情緒，讓我無法做出理性的判斷」。

一般人到頭來才察覺從眾效應驅使的消費，即一時情緒下買入的物品不太符合自己的價值觀，因沒那麼喜歡所以東西使用頻率下降，留不了什麼好記憶。

順帶一提，富人感覺都很討厭排隊，有人甚至很抗拒，但他們卻異口同聲表示「如果是早期的話就會去排」。

我認識的眾多富人總是充滿好奇心，他們不會光顧已經大排長龍的店家，反而**會去發現乏人問津的新店家，然後在早期就去排隊，讓自己比任何人都早一步掌握資訊**。

此外，富人圈雖然盛行聊金融投資的話題，但不會立即發生「因為旁人都買了，所以自己也要買同樣商品」的情況。

前陣子加密貨幣的投資在社群媒體上掀起話題，有些一般人會同時跟風進場，但除了少部分為了收集資訊或嘗鮮的富人除外，多數富人並沒有馬上出手。

・我學到並實踐

我自己在成為富人後，也不去換季特賣了。此外，為了避免受廣告的誘惑，我停止「逛店家找有無想買東西」的行為，後來決定「有想買的東西再去店裡消費」或「去店裡收集必要的資訊，但什麼都不買」。

我每次看到廣告文宣或排隊人潮，就會想起從眾效應一詞，透過思考「是何種機制計畫影響我們的情緒」，就能做出更為冷靜的判斷。

換上富人的腦袋和心態！

發送廣告或激起排隊人潮是意圖引發「從眾效應」的銷售策略。

控制自己的情緒，徹底執行「自發性購物」吧。

富人思維

3

店家打「期間限定」旗幟來吸引人時，不隨之起舞

「錯過可惜」的想法很危險！

・例子

你是不是曾經看到廣告文案，像「只限前一百名」「折扣只限七天」「現在免費」「說通關密語『看過○○即享受半價優待』」，就不小心買了原本沒打算買的東西呢？

・行為經濟學理論

人類會傾向對「錯過這次機會就會蒙受損失」的促銷方式做出反應，這在行為經濟學中稱為「損失規避」（loss aversion）。

這種心理會巧妙操控人類擔心錯過這次機會可能買不到、不想錯過划算的購買機會（不想損失）的情緒，來勾起人類的購買欲望。

家電量販店或支付服務常會送「期間限定的點數」，這也是為了促使我們在點數過期再消費一次，可說是利用損失規避的手法。

前面提到的學者康納曼曾做過以下實驗，實證損失規避的概念。

問題一　假設你眼前有以下兩個選項。

A：無條件獲得一百萬日圓。

B：擲銅板決定，「正面」獲得兩百萬日圓，「反面」則什麼都沒有。

問題二　假設你負債兩百萬日圓，現在有以下兩個選項。

A：無條件減少一百萬日圓的負債，負債總金額剩一半。

B：擲銅板決定，「正面」免除所有負債，「反面」則負債總金額不變。

針對問題一，幾乎所有受試者都選確定性較高的「A」。到了問題二，康納曼原本預測在問題一選「A」的受試者，在問題二也同樣會選擇「A」，但沒想到在問題一選「A」的受試者卻幾乎都選了賭博性質較高的「B」。

康納曼分析這一連串的結果，認為顯示了以下含意。

·如果此刻眼前有可能獲得的利益，人類會優先選擇「規避無法獲得利益的風險」。

·如果眼前會引發可能的損失，人類會傾向「迴避損失」。

正如前述展望理論（參閱第八十頁）說明的，相較於「獲得」的喜悅，因人類對「損失」造成的衝擊感受更強烈，所以會盡可能規避損失。

附帶一提，「保證全額退費」也是活用這種特性的服務之一。只要保證「購買後不滿意可全額退費」，就去除了消費者的損失風險，消費者會覺得購買門檻會大幅下降。

・富人如此思考

我曾請教某位富人對損失規避的見解，他一針見血的表示：「不能便宜買到就是損失嗎？」

他表示**如果是需要的東西，在需要的時間點入手就能獲得最高的滿足感，就算之後看到它在打折，他也完全不會心痛**。這讓我理解到，富人的購物方式或心態有本質上的不同。

・我學到並實踐

我徹底讓自己不隨利用損失規避心理而設計的廣告起舞，因此大量減少了多餘的花費。

當你看到廣告、內心起了波瀾時，請先暫停、試著思考：「我『一定要』當前一百名嗎？」或「我『一定要』在這七天內買東西嗎？」

當自問：「一定要嗎？」的時候，你就會漸漸對本來想要的念頭沒自信，而往往覺得「這個東西好像也沒那麼必要」，這時你就會注意到自己已經被廣告操弄，正站在通往浪費的入口處。

附帶一提，消費者也能利用「損失規避」讓自己站在更有利的位置。前幾天我去家電量販店買洗衣機，試著告訴洗衣機區的銷售員「我正在猶豫要買洗衣機，還是冰箱」。銷售員因為不想失去眼前的顧客（損失規避），而主動提議給折扣或服務。從這裡可明白，訴求「損失」比告知「好處」更容易促使一個人行動。

換上富人的腦袋和心態！

花錢前先再度思考自己是「現在」或「絕對」需要那樣東西嗎？這麼做就能大幅減少被廣告擺布而浪費金錢的行為。

富人思維

4

錢花了就別想著「把本賺回來」

「想賺回本」而拚命亂看訂閱不好

・例子

你到吃到飽類型的餐廳用餐，明明已經吃得很撐了，卻想著「我錢都花了還是再吃一盤」，一不小心就吃過量。

・行為經濟學理論

不少人會因為這種「自己錢都花了」的想法，而做出預料之外的行動吧。花了錢就想要賺回本的想法，在行為經濟學裡稱為「沉沒成本效應」（sunk cost effect），沉沒成本是指「無法回收的成本」。

例如，賭博一直輸卻覺得下次可能會贏，然後持續投入金錢造成更多損失，這是「沉沒成本效應」作祟最好懂的例子。

在損失規避時提到的「保證全額退費」的商品或服務，也利用了「沉沒成本效應」概念。雖然店家說可以退貨，但因為自己已經花時間使用該服務或商品，就會覺得退款很浪費，最後選擇繼續使用。

支付固定金額就能使用的影音串流服務也是利用沉沒成本效應行銷策略的其中一種吧。因為每個月扣款的錢不會退回，消費者為了獲得超越支付金額的滿足感，所以把原本沒打算看的電影或影集也看了，就這樣把時間花在追劇上。

・富人如此思考

但是富人想的不一樣。拿影片串流服務來說，他們只會看自己想看的電影或影集，除此之外不會多看一眼。

對富人來說，時間比金錢更重要，他們把花錢當成達成目的的對價，只會花在自己認同的事物上，不會想著花自己的時間賺回本。

投資跟賭博一樣，容易陷入沉沒成本效應。在股市等投資中，虧損時出售資產、實現損益的行為稱為「停損」，如果陷入沉沒成本效應，有時會因為「花了錢卻沒賺回本金很浪費」或「可能還會漲」的心理而無法適時停損，最後造成損失擴大。

有位擅長投資的富人為了避免這種狀況，會事先決定「虧損超過〇〇日圓就出清」或「股價到□□日圓就賣掉」等規則，讓自己不受情緒影響，以做出理性判斷、減少損失。

我和某位富人聊到沉沒成本效應時，他提到：「如果你覺得可惜，那就不要想著在已經花錢買的服務上用回本，而是把時間花在別的事情上，努力讓自己獲得全新的價值，不是更好嗎？」我認為這個觀點也能供一般人參考。

・我學到並實踐

富人時常思考未來。沉沒成本效應是以過去的行動或支付的對價關係當成比較的基準點，因此產生「好可惜」或「要賺回本」這種會動搖人的情緒。

我向富人學習，把目光放在未來。這麼一來很驚人的是，我從此不再在意沉沒成本了。

我的目光轉向、集中在放棄某件事情後未來所能得到的好處，而不再只看向放棄的悔恨或壞處上。

接著我稍微延伸本書相關內容，其實「轉職」也是同樣的道理吧。有些人長年在工作崗位待久了，建立了良好的人際關係，內心會覺得重新開機這些關係「很可惜」，所以繼續待在自己沒心思做的業務項目上。

此時把目光朝向轉換職場後能得到的好處非常重要。為了建立新的人際關係可能會讓你感受到壓力，但不同的組織或企業文化的差異也能讓你得到許多啟發，從擴展未來選項的角度來看非常有意義。

花錢時不妨這麼想：相較於至今付出的時間和金錢，今後付出的時間和金錢有更高的未來價值。

換上富人的腦袋和心態！

思考今後計畫支付的金錢，而非已經支付過的。
投資未來而非過去，才能得到更多好處。

富人思維

5

以商品價值看清楚降價品，別看一般售價

降價品沒比較划算

・例子

在家電量販店常會看到特價商品的標價上，一般售價被打叉，然後下面多了一個降價後的特別價格。比方說，在微波爐銷售區有以下商品。

商品Ａ：一般售價四萬五千日圓

商品Ｂ：一般售價五萬三千日圓→特價三萬三千日圓（折扣兩萬日圓）

商品Ｃ：一般售價三萬日圓

如果尺寸大小或功能相同，多數人應該會覺得打折品比較便宜而選擇「商品B」吧。

・行為經濟學理論

這種行銷手法是利用行為經濟學中的「錨定效應」（anchoring effect）。錨定原本的意思是用船錨把船固定在水面上，在行為經濟學則是指透過錨定（事先給予的資訊）來誘導思考。

在家電量販店的例子中，一般售價會成為錨定基準，消費者因此覺得特價商品便宜許多。人類判斷時會被一開始收到的資訊影響，即「錨定效應」。我們周遭充滿善用「錨定效應」、想讓消費者掏錢的巧妙計畫。

・富人如此思考

附帶一提，前面提到的例子在富人眼中則呈現出另一種圖像。

商品A：四萬五千日圓
商品B：三萬三千日圓
商品C：三萬日圓

富人會把售價一字排開，接著和商品具有的價值相比，然後買下自己能接受的。這種時候，如果三種商品的尺寸大小或功能相同，他們會毫不猶豫地購買「商品C」吧。

某位富人曾跟我分享，買小孩生日禮物時受到錨定效應影響的經驗。當時他問小五的兒子說：「你想要什麼生日禮物？」小孩回答：「這個！」映入富人眼簾的是一組高達五萬日圓的樂高積木。

富人覺得十一歲小孩拼這種積木還太早，於是對兒子說：「樂高的難度很高，價格也很貴喔！」結果小孩指著另一盒兩萬日圓的樂高積木說：「那我換這個！」

因為這一款價格比第一款便宜，他差點就答應了。但是他馬上重新思考，覺得這種價位對小學生的禮物來說實在過於昂貴，所以後來從其他架子挑了金額較適當的樂高送給小孩。

・我學到並實踐

這位富人的故事裡，隱含了不被錨定效應欺騙的提示，即「增加資訊」。在生日禮物的例子中，出現在「五萬日圓商品」資訊後的是「兩萬日圓商品」，富人乍看之下會覺得選後者變便宜、誤以為買到賺到，不過這時再追加「送給小學五年級孩子禮物的適當金額」資訊後，就能更為冷靜判斷了。

於是，**為了在花錢之前增加資訊，我開始思考「同樣這筆錢能買到什麼其他東西」**。這樣一來，我戒掉了收集海外足球隊球衣的習慣，這是我剛出社會第一年就一直收集的東西。

在戒掉這個習慣之前，我會請定期出國的人幫忙買球衣。因為我深信相較於「自己去海外一趟的費用」，比「請人代購的費用」更便宜、划算。

但是我只要留意用那筆錢「就能和家人度過愉快的時光」，就能做出停止收集球衣的選項。像這樣增添不同視角的資訊，就能做出理性且冷靜的判斷。

換上富人的腦袋和心態！

使用金錢時，不要被最初的資訊所迷惑。看清楚商品的適當價格，思考這筆金額是否能另外做什麼，就比較容易做出理性的判斷。

富人思維

6

用相同的感覺掌握「成功率九〇％」和「失敗率一〇％」

不被廣告巧妙的話術所欺騙

・例子

假設你生病需要動手術，醫師表示「這個手術的成功機率是九五％」和「這個手術的失敗機率是五％」，你覺得哪一種說法聽了比較放心呢？多數人應該覺得是前者。

成功率九五％和失敗率五％，即使兩者代表的是同一件事情，但是人的感受上卻有很大的差異。

‧行為經濟學理論

如同前述例子所示，只要表達方式不同就會影響人類的決策判斷，這在行為經濟學中稱為「框架效應」（framing effect）。

框架效應是指，相同意思的資訊會因人們聚焦方式的不同，而做出完全不同的決策，所以在銷售商品或服務時，框架效應可多方活用。

比方說，請比較下面的廣告文案，你覺得哪個商品有魅力？

「顧客滿意度九〇％」與「顧客不滿意度一〇％」
「九〇％簽約用戶會續約的服務」與「一〇％簽約用戶會解約的服務」
「能阻擋九九％的紫外線」與「無法阻擋一％的紫外線」

不用說，都是前者的表達方式比較吸引人。因為「能阻擋九九％的紫外線」的廣告會讓人聚焦在「能」面向上的好處，相較於「無法阻擋一％的紫外線」則會讓人看向「無法」的負面面向上。

框架效應可以活用在呈現商品上，例如只要把能量飲料的成分單位從「五克」改成「五千毫克」，就能帶給消費者調配量比較多的印象。

框架效應也能運用在標價上。不要寫「年會費五萬四千七百五十日圓」，而是改用「每天一百五十日圓，相當於每天一杯咖啡的錢」的表達方式，這會讓人感覺消費的門檻比較低。實際使用這種標價的廣告文案很多，透過細分價格營造經濟實惠的印象。

・富人如此思考

富人很擅長識破框架效應。因為**大多數富人為了徹底避免買到不需要商品的風險，即使看到廣告上寫「顧客滿意度九〇％」，就會以相反的說法「不滿意的人有一〇％」來補腦。**

另外，要辨別框架效應還有一個有效的方法，就是別在意文案說法，而是用數字掌握，去計算服務或商品的期待值。

富人常會遇到大量的投資案件，要保護貴重的資產，就不能被銷售話術或好聽的資訊所迷惑，必須綜合多角度的觀點來判斷。

例如「有五〇％的機率能賺六百萬日圓的投資」和「有二〇％機率能賺一千五百萬的投資」兩者，後者的陳述方式感覺獲利較多，但計算後就會發現兩者的期待值都是三百萬日圓。從這裡可知為了保護珍貴的資產，富人有能力看穿賣方的措辭或手法。

・我學到並實踐

我原本是參與廣告製作的平面設計師，向富人學習以後，能讀出廣告的反面含意，這讓我很開心。

比方說廣告文案上寫了「減糖一〇％」，我心裡會想「原來還有九〇％的糖分啊」；另一個例子是若廣告用詞為「三人中兩人使用」，我就會心想「那剩下一個人用的是什麼商品」。

這樣你能從反面解讀廣告，在花錢之前就有時間思考，就能產生更理性判斷的結果。

換上富人的腦袋和心態！

解讀廣告的「反面」，就能看清商品或服務的真正價值。

為了守住金錢，必須具備解讀銷售者意圖或手法的技巧。

富人思維

7

注重「折扣金額」，不被折扣率迷惑

別看折扣率，用折扣金額決定得失

・例子

這是我朋友實際發生的事。他想換電熱水壺，看到家電量販店A的標價是八千日圓後，用手機查了網路賣價，得知同樣的商品在車站另一側的家電量販店B只賣七千五百日圓。朋友想愈便宜愈好，於是移動到家電量販店B，買了便宜的電熱水壺。

半年後，朋友決定買電視。他到上次銷售比較便宜的家電量販店B，看到二十萬日圓的標價後，又用手機查了價錢，發現這次在家電量販店A只賣十九萬九千五百日圓。

如果按照理性判斷，應該去家電量販店A買便宜五百日圓的電視，但朋友卻選擇直接在家電量販店B購買。

七千五百日圓的電熱水壺和十九萬九千五百日圓的電視，兩種商品都便宜了五百日圓，友人卻只有在買電熱水壺時去另一家店，買電視時卻沒有改變，直接在賣價比較貴的地方消費。

換言之，這是因為朋友判斷八千日圓中的五百日圓和二十萬日圓中的五百日圓具有不同的價值。

・行為經濟學理論

如此例所示，當金額愈大，有時會縮小人對得失的印象。這種心理作用在行為經濟學中稱為「敏感度遞減」（diminishing sensitivity）。

例如，購買房產、汽車或婚宴服務是從幾百萬至幾千萬日圓為單位起跳的花費，所以追加幾萬日圓的方案時，大家在心理上會覺得便宜。因為當經手的金額愈大，對金錢的敏感度就會降低。

有個更淺顯易懂的例子，就是買彩券中高額獎金的人。中獎得到龐大的意外之財的人，對金錢的敏感度會極度下降，甚至有不少例子是最後把人生都毀了。浪費獎金、破產或捲入詐騙等金錢糾紛等，不少人中獎後反而變得不幸。

日本政府為了避免國民發生這樣的不幸，發行彩券的地方政府準備了小手冊《從「那天」開始閱讀的書》，發放給獲得一千萬日圓以上大獎的中獎者。手冊內容包含「金錢的使用方式」，例如「優先償還借款或房貸」，以及「不辭去工作」和「冷靜應對」等提醒中獎者擁有鉅款時的注意事項。

大家也能從彩券的例子了解，**一般人在獲利或損失比例較大時會對其中的差異很敏感，但比例變小時對差異的敏感度則會鈍化。**

・富人如此思考

然而，富人卻不同。多數富人有別於一般印象，不論金額大小都很珍惜金錢。

我到某位富人家中拜訪時，偶然看到桌上擺著「國外旅行的傳單」和「高級車的傳單」，上面寫著：

・國外旅行：兩百萬日圓↓一百八十萬日圓
・高級車：六百萬日圓↓五百八十萬日圓

我比較了兩者，說出「這個國外旅行便宜了一成，很划算呢。」，結果那名富人果斷表達：「為什麼？明明折扣金額一樣啊。」

這個回答有點反直覺，但我重新思考，發現富人說的直的有道理。我從這位富人身上學到「**別看折扣『率』**，**要看折扣『金額』**」。

正因為有這樣的思考，就算是金融資產超過一億日圓的富人，一樣很重視幾百塊日圓。

・我學到並實踐

在那之後，我開始注重花費的「金額」而非「百分比」，特別是在我買車時派上用場。

汽車有很多配件選項，例如座椅的零件升級、導航或倒車顯影等。由於空車價格超過兩百萬日圓，這導致買家乍看之下會覺得幾萬塊日圓的選配很便宜，但我仔細看「金額」後，就不會被敏感度遞減牽著鼻子走，因此能夠選擇自己真正接受的配件。

順帶一提，我在看跟金錢有關的報導或影片時，注意到內容大多是用「百分比」來建議，例如儲蓄占薪水多少比例、房租占多少比例、投資占多少資產的比例比較好等。

但依照富人思維，以「百分比」來思考金錢是錯誤的。如果用「百分比」掌握金錢的運用，那麼隨著薪水愈高就可以住租金愈高的住宅，投資的金額也必須增加。其實沒有必要這樣做，而是**應該考量自身現狀，思考在儲蓄、房租或投資上該花用多少錢，每次都用「金額」考量才稱得上是理性的用錢方式**。

不論何時都用「金額」去看待金錢。這是我從富人身上學到的，對待金錢的重要方法。

換上富人的腦袋和心態！

要用「金額」，而非「百分比」來思考金錢。
特別是購買金額較大的商品時，要注意別讓自己的金錢感受鈍化了。

富人思維

8

支出不隨收入上升而增加

別讓生活水準隨年收提升

・例子

「我的收入增加了，儲蓄卻一直都沒變多。」許多人找我諮詢這個問題。愈是高收入者，諮詢這個問題的比例也愈高。明明收入增加，為什麼儲蓄上不來呢？理由非常簡單。

・行為經濟學理論

行為經濟學有個現象稱為「生活方式膨脹」（lifestyle inflation），意指「隨著可自由支配的所得增加，生活水準也跟著提升」。

年收增加，可支配所得變多，就能買品質更好、更昂貴的商品。這樣一來，生活的等級自然會提升，也會花掉更多錢。

接著，品質升級後的生活最終會變成常態，隨著下一次的加薪，生活水準又會再度進階。

支出如果也隨著收入增加而上升，那存不到錢是再清楚不過的吧。而且這種變化是緩步發生的，多數情況人都不會注意到。

再加上有累進稅率制，年收愈高繳交的所得稅愈多。花錢如果不考慮這一點的話，就會陷入明明年收增加卻存不到錢的狀況。

收入一增加，將別人和自己豐富的生活相比的機會，以及感受到羨慕或嫉妒的機會也會增加。運用和管理大筆資產會造成心理壓力，而為了消除壓力往往又會花更多錢。

收入增加者還有一種傾向，就是即使花了很多錢，但只要能買下任何想要的東西，也很快就會對到手之物厭煩。

這種心理變化是心理學家麥克·艾森克（Michael W. Eysenck）提倡的「享樂跑步機」（hedonic treadmill），意指「不管生活過得有多奢侈，人類都會適應當前的幸福」。

例如，天天吃奢華料理沒過多久就會吃膩，除非吃到更豪華的料理，否則無法感到「驚嘆」或「美味」！

這種伴隨收入增加而來的生活水準提升，以及習慣於生活水準提升的傾向，在收入提高的一般人身上往往很常看見。

・富人如此思考

然而，大多數的富人卻不同。有位從多筆不動產物件取得收入的富人，就算物件數量與租金收入增加，他也沒有提升生活水準。

因為他清楚發現自己十分滿意現在的生活，**也理解就算再往上提高生活水準，幸福感也不會等比例增加**。

股神華倫・巴菲特（Warren Edward Buffett）管理世界最大的投資公司，現在依舊住在美國內布拉斯加州的奧馬哈（Omaha）一處，於一九五八年以三萬一千五百美元買下的房子，總是吃約三美元的麥當勞早餐。不隨意提高生活水準，過著符合自身價值觀的生活，才是理性使用金錢的訣竅吧。

此外，大家容易想像富人過著乍看很奢侈的生活，肯定已經適應當前的幸福，但實際上他們很少會因為適應而感到膩煩。

我問過某位富人這一點，他告訴我「就算是使用好幾次的服務，我總是會去找有沒有新發現」。我想這是富人才有的獨特想法：多多少少想讓花出去的錢得到更多價值。

・我學到並實踐

當過去任職的公司股票上市時，很多人建議我提升自己的生活水準，例如他們會問我：「你要不要買高級車？」或「你要不要搬到大一點的房子住呢？」

但幸好我從富人身上學到，即便我理解讓自己和家人的生活水準超越現狀，也感受不到那種程度的幸福。

這或許是因為我出身在鄉下深山中，從小就置身在想當然耳一開始什麼都沒有的環境底下，所以不會對欠缺感到自卑的緣故吧。

多虧如此，我現在過著不用花太多錢也能感受到幸福的生活，為了不讓自己因為適應生活而導致幸福感降低，我會刻意讓自己「不斷去尋找全新的發現」。

比方說，內人曾在迪士尼樂園和迪士尼海洋演出角色，所以我們家一年會去玩好幾次。

常有人問我：「你去那麼多次，不會膩嗎？」我總是能在園區或旅館裝飾的繪畫或擺飾、伴手禮或特別活動的設計等地方找到新發現，所以現在還不會覺得膩。我反而覺得感動，因為已經來這麼多次了卻還能有新發現。人只要稍微改變認知，不用增加消費也能提升滿意度或幸福感。

很難「理性使用金錢」的人，在理解行為經濟學後，應該能明白自己為何會對廣告有反應吧。

只要稍微留意本章介紹的重點，應該就能減少多餘的花費或行為。為了珍惜寶貴的金錢，大家也來養成「富人思維」吧！

換上富人的腦袋和心態！

在提升生活水準前，先思考如何維持提升後的滿意度與花費之間的平衡。提升生活水準不見得能使你感到幸福。

B先生拿退休金當本金初嘗投資，最後卻大賠

最近只要去書店，投資書籍專區便盡收眼底，整個社會也充斥著催人投資理財的資訊或報導。

相較於父母那一代，我們的薪水已經沒有上升空間，在通膨影響下生活費不斷提升，稅金的負擔也增加了。預期未來能獲得的年金，其金錢價值也會以低於現在的水準發放。

為了自己和家人的未來，現在可說是我們更應該認真思考的時刻吧。預期未來會發生無法獲得夠用年金的狀況，國家也推出各種機制，推動國民活用金融投資，自立自強去產生資產。

但日本NISA（少額投資免稅制度）❶的總帳戶數量只占日本人口的一成。現

狀是其中很多人只開了帳戶，尚未實際進場投資。

由此可見投資尚未成為日本人的日常生活習慣，但有很多人開始投資的契機，是發生在領到退休金之後。

退休金一轉入銀行帳戶，有時會接到銀行業務打來推薦投資商品的電話。這次找我商量的B先生展開投資的契機，也是因為業務電話。

他收到這樣的理財邀約：「如果您現在沒有馬上使用這筆退休金的打算，要不要考慮資產活化為將來打算？」「美股市場現在很熱，所有最近一年開始的投資者都得到可觀的未實現獲益喔。」

B先生從部門處長職位退休。雖然他對部分的銀行提案不甚了解，但因為不想讓比自己年輕二十歲的窗口知道自己不懂，所以沒問太多問題。他覺得自己大概知道業務說的投資標的，就決定把當時帳戶不會立刻用到的一千萬日圓拿去投資。

開始投資的隔天，B先生用手機確認收益，畫面上顯示有三萬日圓的收益。

「才過了一天，我就賺到等同每月零用錢的金額！」B先生非常開心，他不僅向妻子，還打電話跟住在地方都市的小孩們炫耀。

之後，每次資產增加，他就會傳手機截圖給家人看，但過了半個月後就無法這樣做了。因為國外發生戰爭，導致股票下跌，資產大幅縮水。

剛開始B先生以為投資只是偶爾表現不佳，結果眼看自己的資產天天縮水，壓力不斷累積，晚上甚至睡不著覺。

「一想到股價在我睡覺時，可能持續下跌，我就擔心到不行。」這是很常在第一次參與投資者身上看到的光景。

順帶一提，我自己也一樣，曾因為任職公司的股票上市而得到一大筆金融資產，當時也陷入相同的感覺。我打開手機的券商APP，看到資產每天以數十萬到數百萬日圓的單位上下振盪，心中也是相當忐忑。

話雖如此，我有「萬一怎樣了，再賺就好」的從容。但對於像B先生的退休

❶ 編按：日本為鼓勵國人投資，自二〇一四年推出個人投資「每年一定金額內」金融商品所獲得的利益、配股配息能免除二〇％課稅的NISA（Nippon Individual Saving Account）制度。

族來說，基本上必須要拿至今賺來的錢養老，實在很難有錢再賺就好的想法。

明明好不容易獲得了自由的時間，如果投資績效太糟可能又要重返職場，這種不安感演變成巨大的壓力壓得他喘不過氣來。

到B先生找我商量的時間點時，他的資產估值已經跌到七百五十萬日圓，他說：「如果再繼續下跌，我就受不了了。」

金融界有一個詞稱為「風險容忍度」（risk tolerance），這顯示在金融投資上遇到負報酬時，你能承擔多少損失，每個人的承受度都不同。

風險容忍度的指標有二，一是「投資本金減損多少會影響到『生活』」，二是「投資本金減損多少會影響到『心情』」。兩者中較小的數字就是一個人可容忍的負值。

後來我們計算了未來的收支，發現B先生的資產估值只要不低於六百萬日圓，與妻子的老後生活就不會受到限制。

我告訴他這一點，同時建議他：「如果你『心情』上無法承受資產估值的上下波動，可以趁現在把一部分的股票換回現金，確保現金不會減少，你覺得如何？」

但B先生並沒有把部分的投資部位賣出、換回現金。一度下跌到六百萬日圓的資產逐漸漲回，現在幾乎回到最初投入的金額了。

附帶一提，大多數富人都認為可透過經驗擴大風險容忍度。因此，很多人會讓小孩從小開始小額投資。

還有一些富人會具體推薦孩子投資風險可控的標的。多數情況都是買美股，而非日股。

日股的買賣單位基本上是一百股，而美股可買一股，只要數千到數萬日圓就能持股。

代表美國的企業「科技四大巨頭」GAFA（Google〔Alphabet〕，Apple，Facebook〔Meta〕，Amazon），就算各買一股也只要十二萬日圓有找（本書執筆時）。買美股雖然受匯差影響，但風險低於必須買一百股的日股。

「盡可能從習慣小風險開始，知道自己對壓力的容忍度後，再慢慢擴大風險」，這句話是我心中「特別有用的富人名言」之一。

第3章

做好「人生規畫」才能自由使用金錢

人生規畫

1

想自由使用金錢的第一步是粗略掌握生涯的收入與支出

不知道生涯收支，就無法規畫金錢

・例子

「你的人生有盈餘嗎？」我剛開始學習金錢的相關知識時，某位富人曾問過我這個問題。

當時我無法馬上回答。如果看每月收支的話，有時有盈餘，有時因大筆支出而呈現紅字，但我從沒想過用人生的尺度去觀察收支是正還是負，也不曾思考過這個問題。

對方看到我答不上來，又接著表示：「你的行為跟上高速公路不開車燈一樣呢。」我記得他指出我**在不推估未來收支的情況下，只隨時間流逝而生活，這就代表沒有「正視金錢」**。

要回答一輩子花多少錢的問題，必須知道自己一生有多少收入才能回答。你知道自己一輩子花多少錢嗎？我身為理財規劃師，曾與各式各樣的客戶討論過人生規畫，但至今從未有人能立刻回答這個問題。極端來說，不知道答案就等於「**不知道自己錢包裡有多少錢就買東西**」。

打個比方，假設你在某間居酒屋點菜，試著想像兩種情景：在知道錢包裡有一張千圓日鈔的狀態下，點八百日圓的料理；跟在不知道錢包裡有多少錢的狀態下，點相同的料理。肯定是前者讓人比較放心吧。我想在不知道自己口袋裡有多少錢的狀況下，多數人都會怕到不敢點餐吧。

大家明明會因為這種短期交易而感到不安或恐懼，可是面對人生這種長期交易時，卻不太在意收支狀況，也不會覺得害怕或擔心，這樣反應的人實在太多了。

抱著「船到橋頭自然直」的模糊根據，就貸款買房買車或花大錢投資。沒有比這「更不理性的用錢方式」了。

現狀是即使「正在為將來或老後存錢」的人也一樣，令人驚訝的是很少有人正確掌握存錢要存到何時、該存多少，又在儲蓄期間花多少錢。

多數富人會做人生規畫

另一方面，多數的富人被問到「一輩子花多少錢」時，可以立刻給出粗略的答案。這一點上富人和一般人有巨大的差異。

我在本節開頭介紹的那位富人告訴我：「**如果你希望正視金錢，首先就應該先做好人生規畫**。」人生規畫是指「從金錢角度看人生的設計圖」，試算、設計整個生涯的收支。規畫一生的未來可說是正視金錢最好的工具。

人生規畫是以今後預計會收到的薪水、退休金、年金，和因人而異得到的分紅、配息、董事報酬或不動產收入等的「收入」，以及日常生活所需的「支出」為基礎，來設計該如何準備資金，以實現自己理想中的未來樣貌（買房、買車、旅遊、興趣發展、子女升學等），或彌補生病或意外等的風險。如果錢不足，就必須變更理想的未來樣貌，或尋找獲取資金的方法。

制訂人生計畫就可大概知道，想維持現狀需要多少收入和支出。透過人生規畫，可以掌握下述與金錢相關的未來問題：「十年後你會有多少資產？」「小孩上大學那一年，包含生活費在內會花費多少存款？」「你辭去工作、迎接老後生活時，手邊有多少資產？」「你該累積多少資產才能支應老後的生活費？」

此外，**做出人生規畫還能進一步設定目標，讓你知道「在這個時間點之前，要儲蓄多少金額（或不再需要繼續儲蓄）」**。這樣就能配合你理想中的未來樣貌，「理性儲蓄和用錢」，不需要瘋狂省錢或投資股票，沒有明確目標的度過每一天。

到這裡為止，我具體傳達了富人的「用錢方式」、行動和習慣，不過想要實踐這些內容的基礎則是此處介紹的人生規畫。如果我們不擬訂人生計畫，即使模仿富人也無法存錢、展開富裕的生活，這點請大家多加留意。

我建議愈早擬訂人生計畫愈好。如果在六十五歲退休後才知道資產會在七十五歲用完見底，那就只能慌忙找工作再就業。

但如果三十五歲就同樣預料到有這樣的未來，就能在四十年的時間內透過修正工作或花錢的方式等，採取各種對策。這樣退休後或許就不用繼續工作了。

規畫人生可以知道未來該累積多少資產，為此需要工作到幾歲，這樣工作起來也能更心平氣和吧。

想自己作主，帶著自信做決定和付諸行動，活出自由的人生，規畫人生助益很大。

某位富人曾指出多數一般人沒有人生規畫，並對我說：「**沒有人生規畫，無法正視金錢的人一輩子都會為錢所苦，而且因為無法有效使用金錢，所以會更加為錢所困。**」

生涯規畫例子

年度收支

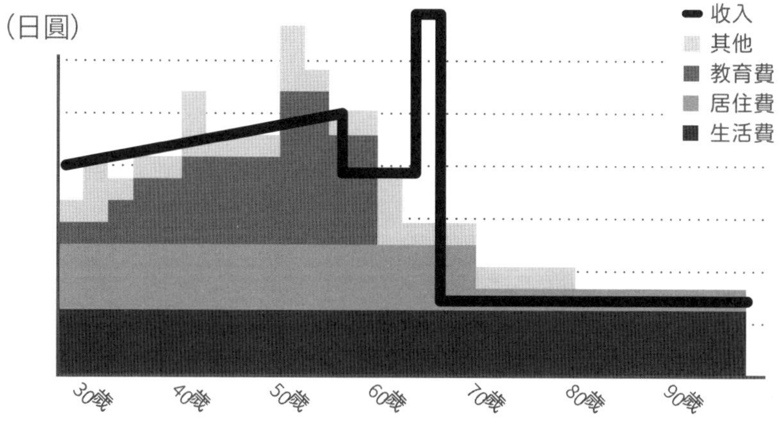

金融資產餘額

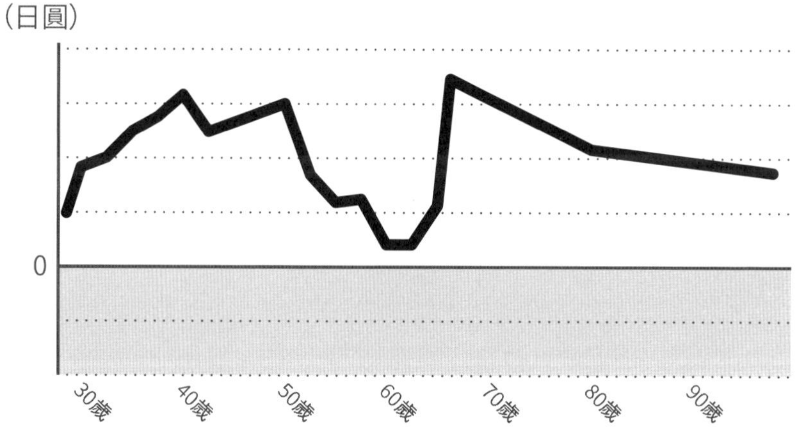

制訂人生規畫的方法

簡單的人生規畫可以自行制訂，能用APP或在網站上擬訂，也可以下載Excel自行計算。請嘗試在網路上搜尋自己喜歡的工具規畫。

另外，在商業設施等場地所舉辦的活動中，也能免費邀請理財規畫師之類的專家協助製作（有時需付費）。

因為有許多富人認為「專業的事找專業的人處理」，所以很重視專家建議，大多會麻煩理財規畫師、財務顧問或私人銀行家等專家。大家也可以趁這個機會，找理財專家商量看看吧。

換上富人的腦袋和心態！

制訂人生規畫，明白未來的收支狀況，就能理性「用錢與儲蓄」。

人生規畫

2

制訂人生規畫的重點①收入：盤點、試算一生能賺多少錢

要少估「未來收入」

制訂人生規畫的一大支柱是「收入」。當然不只包含現在的收入，還要試算未來的收入變化。**此時的重點在於嚴格審視未來的收入金額，盡量少估**。

因為如果試算過於籠統，覺得未來收入大概會增加到某個數字，但實際金額若低於這個金額的話，就必須大幅變更計畫。這麼一來要實現當初想像的「理想的未來樣貌」也會很困難吧。上班族可悄悄向年長的職場前輩打聽薪水，或者有些公司會公開各職位的薪資級距，先透過這些方式釐清自己預期的職涯可以獲得多少收入吧。

如果上述兩種方法都沒辦法得到資訊，請試著調查工作的業界或職位的平均收

入，掌握大概的行情吧。

我再次重申，在擬訂人生規畫的收入金額時要預估得比行情更低。就算你升職的速度快於同期入職的同事，也不保證今後一定會如此。所以請用「到了這個年齡最低可以做到的職位」，以最嚴格的眼光計算。

也要檢查「薪資」以外的收入

此外，試算時也要記入金融資產提供的「股利」或「不動產收入」等。這部分當然也要少估金額。附帶一提，我遇見的富人中有不少人是靠軍事用地獲得「不動產收入」，或是透過著作權和版權等賺取「權利金收入」。

除此之外，不屬於每年定期收入的「退休金」❷，或者是「定存」、「教育基金保險」或「養老保險」等的到期滿期金也可視為臨時收入計算。

此外，也不能忘記老後收入。除了「政府年金」外，也要收集個人加保的「私人年金保險」等資訊，配合領取時間試算。

日本政府年金只要五十歲以上並滿足一定的條件，就會收到「年金定期便」，上面會印出老人年金❸的預估金額，可以參考這個資訊來計算。

最後是雙親或祖父母的贈與或繼承，這部分也可能成為你未來的收入。但不保證你一定拿得到，所以請不要加到收入中。

只要把贈與或繼承的可能性存放在腦中的某個角落就好，這樣你對待雙親或祖父母的方式會有所改變。言行舉止出現變化後，對自己的資產也會有正面的影響，而且抱著單純孝敬父母的心意也應該能創造更多提升你幸福滿意度的回憶。以上就

❷編按：台灣在勞工離開職場後，來自政府的主要三筆退休金收入包括：「國民年金老年給付」、「勞工保險老年給付」和「勞工退休金」。

❸編按：台灣自二〇〇八年十月一日也開辦此項社會保險，希望能保障沒有參加公教保、軍保、勞保、農保的國民。只要依規定繳納、累計保險年資，在生育、遭遇重度以上身心障礙或死亡事故，以及年滿六十五歲都可以依規定請領年金給付或一次性給付。

是你這輩子會入手的所有金錢。

實際試算總額，不論覺得金額多寡，至少你心裡都會有個譜吧。這筆錢就是你「這輩子錢包裡的錢」，不論金額多或少，知道自己錢包有多少錢的人會比不知道的人更能有效使用金錢。

準備好，讓一切就緒，這正是踏出「理性儲蓄與用錢」的第一步。

換上富人的腦袋和心態！

「少估」收入金額，讓未來更安心。
提早知道「你這輩子錢包裡有多少錢」吧。

人生規畫

3

制訂人生規畫的重點②支出：試算實現夢想或願望所需的金額

試算「定期支出」要多加一成

有些人一定對未來懷抱著夢想或願望吧，像是「想買有游泳池的房子」或「希望環遊世界一圈」等。就算不是如此大的願望，「想讓子女出國留學」、「渴望享受美食或搭配流行時尚」或「期望能一輩子活在自己的興趣中」等，每個人都會有自己冀望的未來。然而，**你能回答自己的夢想或願望要花多少錢才能實現嗎？**

在制訂人生規畫之前，某位富人問了我相同的問題，我果然無法立即回答。我只有「幾歲之後想要做這個做那個」的模糊想法，因為完全沒辦法想像到時口袋裡有多少錢，每月的收支是多少，以及能花多少錢在實現夢想或願望上。

擬訂人生規畫，盤點完收入後就是計算「支出」。**思考支出時，可蓋分為「定期支出」與「不定期支出」**。

此時，可以先從計算「月支出」開始，再逐漸擴展為「年支出」、「依人生階段而改變的支出」等，逐一核算。

定期支出的代表例子像「居住費」和「生活費」。居住方面，如果是租屋就要思考要租到何時，有無搬家或買房的計畫等。如果有房貸，就要計算必須還到什麼時候、要繳多少房屋稅等「一生花費的居住費」。

生活費則要清點所有的伙食費、電話費、水電瓦斯費，以及從信用卡或戶頭自動扣款的費用等。

小孩上才藝班、補習班每個月需要繳的學費或給家人的零用錢等，以及用現金支付的東西有時不會留下紀錄，很容易漏算，這些也都要算在定期支出中。

另外，若你的情況是離開父母居住在外地，一年會多次返鄉的話，相關花費也要視為定期支出。

有一項絕對不能忘記的支出是「在興趣上的花費」。我的顧客裡有足球迷，他準備了「每年十萬日圓，是給川崎前鋒隊加油的預算」。其他還有人會定期編列「支持寶塚預算」「追星預算」或「三溫暖預算」等支出項目。

附帶一提，富人最大筆的定期支出大多是「交際費」。有人每月花費達一百萬日圓，他們會事先將跟誰出門玩樂或針對誰請客而編列的預算，放入定期支出中。

清點支出時的重點在於「稍微多估」，做法剛好跟計算收入時相反。請把計算的總額「多加一成」當成適當金額。生活費裡會有一些無法清楚掌握的項目，也會有婚喪喜慶等突如其來的支出，所以預先「多加一成」會比較安心吧。

好好預測「不定期支出」，若有萬一也不慌

不定期支出的代表例子則有「換家電或換車」「住家修繕」或「旅行」等。

首先是家電。冰箱或洗衣機這類大型家電的使用年限大約是六到十年。各家電廠商為了處理故障維修、維持機器性能，需要保有必要的零件，這段時間也差不多定在六到十年，所以定期換新難以避免。

同樣地，有車的人也必須定期換車。一般汽車平均八年半換車。❹而且，車種也因同住家庭成員的增減而改變，如「普通車→廂型車→輕型車」的變化。擬訂換車排程時要一併考量這些因素。

持自有住宅的人，除了房貸還必須考量修繕費。如果是日本的公寓大樓，每月會收取維修基金，大約每十五年會進行一次大型修繕工程。隨人生階段的變化或屋齡老化，會需要進行家中的修繕或翻修吧。

更進一步來說，考量飼養寵物的邏輯也必須跟思考入手車子一樣。預測寵物何時過世讓人非常難受，但習慣跟寵物生活的人，在寵物過世後可能會想購買相同的寵物，這筆預期未來可能支出的費用也應該算入不定期支出中，這才說得上是理性思考金錢。

若預先編列好這類「不定期支出」的預算，有突如其來的開銷時也不會亂了手腳吧。

另外，喜歡旅行的人也事先斟酌「自己何時、去哪裡、要花多少預算旅行」吧。只要提前編列好預算，就能累積旅行基金，不需要動用存款支付。這筆預算會成為當年的支出，可以當成決定事項來處理。

還有最好也先準備長照的花費。使用日本官方長照保險的長照服務時，實際支付的只有自費額。❺有份日本調查結果顯示，每月及暫時性的照護費用每人平均約五百萬日圓。❻

這樣盤點「不定期支出」也是為了讓自己開始思考該過何種人生的契機吧。

❹資料來源：根據日本一般財團法人汽車檢查登錄資訊協會「二〇一七年平均車齡」資料。

❺編按：台灣衛生服利部在二〇一八年實施「長照二．〇」新制，有四大項給付服務：「照顧及專業服務」「交通接送服務」「輔具服務及居家無障礙環境改善服務」「喘息服務」（長照四包錢）。可撥打衛福部長照專線1966，家庭照顧者專線0800-507272。

❻編按：二〇二三年十一月中華民國家庭照顧者關懷總會與皮爾森數據公司合作，在十月十一日至十九日針對全國年滿十八歲以上的網路人口（有效樣本一千六百三十六位，男女各半），進行「長期照顧服務使用經驗與意見」網路民調。結果顯示在照護花費上有七．六三%每月花費超過四萬元，平均為兩萬一千九百二十三元。也有銀行表示依照顧者需求、原始家族條件不同，長照金額每月大約落在新台幣兩萬五千至八萬元。

檢查人生事件是否疏漏

盤點支出的訣竅在於，一邊檢視各年度的家人年齡，同時確認人生事件。例如，雙親或祖父母年老後，可能產生往返老家照顧或看護他們的必要性。

日本人的平均壽命是男性八十一．〇五歲，女性為八十七．〇九歲（資料來源：二〇二二年日本厚生勞動省發表報告）。❼在這之前「健康壽命」會先迎來終點，人們會開始覺得一個人生活不太方便。數據顯示健康餘命男性約為七十歲，女性則為七十三歲（資料來源：來源同前）。❽這個時期如果和子女升學等撞期，有可能體力、精神和經濟上的負擔會變得很沉重。

如上述整體確認人生事件，就能做出「先等兒女升學後再出國旅行吧」的理性判斷。

擬訂人生規畫後，最後再依年度排列收支，掌握資產的變化吧。現在的儲蓄加上明年度的收入，再扣掉明年度的支出就能預測明年年底的資產。重複這樣計算，就能知道自己人生的總收支。

最後出現的數字如果是「一生都不會赤字的人生」，那就萬萬歲了。依照人生規畫走出自己的路吧，如果家庭開支在過程中變成赤字也不用擔心。

接下來，我們來思考重新審視支出和儲蓄的方法吧。

換上富人的腦袋和心態！

支出多估一成，同時盤點不定期支出。
你必須檢查一生的人生事件有多少支出！

❼編按：台灣內政部於二〇二四年八月公布二〇二三年國人平均壽命為八十．二三歲，其中男性為七六．九四歲、女性為八三．七四歲。

❽編按：健康餘命是指身體健康、不需依賴他人的平均期望存活年數。內政部於二〇二四年八月公布二〇二二年國人健康平均餘命為七十二．四三歲，其中男性為六十九．九二歲、女性為七十五．〇七歲。

人生規畫 4

善用「儲蓄黃金期」，增加可用資產

「每月固定開銷」是容易削減的支出

只要清點支出，你便能察覺自己的支出多於預期，發現「原來我在這裡花了這麼多錢」。

其實**擬訂人生規畫也是讓你察覺自己支出是否過高，進而有機會轉變為控制支出的生活形態**。

我建議利用這個機會，試著審視每項支出的必要性。**特別應該檢視的項目有每月定期的「固定開銷」，如「房貸」、手機話費等的「通信費」或壽險、產險等的「保險費」**。

房貸如果轉貸到利率較低的銀行，就能減輕每月的支出。有些例子甚至不用實際轉貸，只要去其他銀行評估，再把評估結果給目前的貸款銀行看，就能調降房貸利率，值得大家試著交涉。

手機話費可以從主品牌改用副品牌的便宜手機，或者是持續使用主品牌手機，但只要變更為超便宜方案就能大幅削減支出。

請定期將您目前使用的壽險或產險與新商品比較，因為即使是相同的保障（補償）內容，新商品的保費可能會更便宜，但也有過往簽約條件比較好的舊保單例子。若無法自行判斷，最好向理財規畫師等專家諮詢。

靠一生三次的「儲蓄黃金期」，一口氣累積資產

尚未養成存錢習慣的人，請試著留意「人生最容易儲蓄的三個黃金期」，這三個時期是比較容易累積儲蓄的時間點。

第一次　單身期間（自己能掌控所有金錢）

第二次　婚後尚無子女的期間（收入增加，但支出不變）

第三次　子女獨立後，到退休為止前的期間（收入穩定，且支出減少）

相較於父母親那一世代，最近即便是「第一次」的黃金期也出現比較難儲蓄的傾向。這可能是因為收入不停成長的時代已經結束，大家卻還受到工作方式改變的影響，自由支配的時間增加的結果，導致單身時代的消費也跟著增加。

另外，因為晚婚很多人結婚後就會立刻生小孩，所以「第二次」的黃金期也變得非常短。

再加上晚婚也會使得兒女獨立的時間點變晚，「第三次」的黃金期也會自然縮短。人生後半場的薪資成長率已經不如父執輩，這也是現實。

有鑑於儲蓄的黃金期逐漸縮短，某位富人曾對我說「跟父母親那一代相比，現在在這一輩實現夢想或希望的難度變高了」。

這的確是嚴峻的事實吧。一方面，現在的生活方式變得多元，你可以選擇一輩子單身，也可以選擇結婚不生小孩。或者早婚讓兒女自立的時間點提前，藉此延長第三次的儲蓄黃金期。**只要用長期觀點觀察自己的人生，思考自己該在哪個黃金期積極儲蓄即可**。

當到了逼近儲蓄黃金期的時間點時，你的收支該如何安排，手上又需要多少資產，事前做好預測至關重要。只要事先掌握未來的收支狀況，光這麼做就會改變對金錢的認知，也能更理性使用金錢。

換上富人的腦袋和心態！

先重新審視和消滅每月的固定支出，然後找出適合你的儲蓄黃金期吧。

人生規畫

5

有錢是好事，不把錢當成「髒東西」

為何日本人會覺得金錢是「髒東西」呢？

此處我稍微跳脫人生規畫的主題，先告訴大家本章最後會提到的大前提：造就富人和非富人的決定性差異，是對金錢的看法有「根本的不同」。

我周遭也一樣，一般人會隱約把金錢當成「髒東西」。正如「清貧寡欲」❾所示，沒錢給人清貧或高尚的好印象，而相對地對富人則容易有「肯定在做什麼壞事」「貪婪」或「唯利是圖」等的壞印象。而這種傾向似乎是日本人特有的狀況。

我跟出生於外國的朋友討論時，他們聽完就愣住了，表示「完全不明白日本人為什麼會抱持著這種印象」。

他們並非瞧不起這種想法或震驚到無法置信，而是大多露出「你到底在說什麼」的表情，真的完全無法理解。

正如大多靠金融業維生的猶太人、在歐洲長期被歧視的歷史一樣，即使在國外對富人也有「貪婪」或「狡猾」的壞印象。但我想全世界大概只有日本，是國家整體對金錢隱約抱持著忌諱吧。

關於原因有各種說法，不過有一說是認為日本人獨有對金錢的負面印象，是德川家康在江戶時代刻意導入，之後在持續兩百六十年的德川政權中逐步產生的。

應仁之亂後日本進入戰國時代，各地大名[10]的兵員只有領地的人民，而且能動員上戰場的人數和時期都受到限制。

而織田信長的出現改變了這個狀況，他花錢開始大量雇兵，建立了可隨時上戰場的常備兵，加速擴大了勢力。而後羽柴（豐臣）秀吉繼承了這個方式，靠「金錢

[9] 編按：日文原文為「武士は食わねど高楊枝」的諺語，意指武士即使貧困，沒錢可吃飯，還是會做出已經吃飽，用牙籤剔牙的舉動，用來表示武士重視清貧或體面的風氣。

[10] 譯註：相當於諸侯。

的力量」一統天下，征服了全日本的大名。

家康近在咫尺把這一切都看在眼裡，應該強烈體認到金錢的力量能讓既有的權力屈服，並能一次讓習慣或價值觀產生巨變。

家康統一天下後，進行了「天下普請」[11]，以避免再次發生下剋上的亂世。天下普請是大規模的土木工程，由掌權者將江戶城或名古屋城等的築城工作，以及河川整修或修路等工作分配給全日本的大名。

從施工現場的人力調度到準備施工材料，基本上都是由大名負責，所以一般認為掌權者這麼做的目的之一，是為了削減各大名的儲蓄和勢力。

德川政權還引進了其他的政策，包含強制要求大名參加參勤交代[12]，以削弱地方有力大名的經濟力等，許多政策的方向是以防止叛亂為名，但實際目的都是希望造成各大名的經濟負擔。

多數人認為由於經濟狀況嚴峻，德川轉而追求儉樸節約，結果經過江戶時代漫長的洗禮後，「金錢是髒東西，不應該積極接觸」的思想，逐漸在日本整體社會深根，也形成了世界上罕見的思想環境。

附帶一提，日本後來經歷明治維新或太平洋戰爭的敗仗後，整體社會屢屢產生巨大變化的時機點，這段期間應該也有很多機會能改變國民對金錢的印象。

但實際上，因為與外國的戰爭不斷，日本國民也被要求過著儉樸節約的生活，所以日本人對金錢的印象直到今天都沒有太大改變。

金錢可增加人生選擇並減少風險

我認識的富人也是日本人，所以多少會共有這類的金錢印象。但他們被「洗腦」的程度（我是刻意用這個詞）比一般人輕微許多，幾乎沒人會對金錢本身或賺錢的行為抱持負面印象。

⓫ 譯註：掌握天下者下令展開的土木工程。
⓬ 譯註：各藩的大名需要前往江戶，替幕府將軍執行政務一段時間，然後返回自己領土執行政務。

某位富人曾對我說：「大家都太不重視金錢了。」他還表示：「如果要說有錢跟沒錢哪個好，那絕對是有錢比較好吧？有錢的話，不只是自己，家人或朋友的人生也會有更多的選擇，可以過得比現在更富裕吧。」

甚至，他直接了當提及：「有錢的話，就算受重傷或生病都可以接受更好的治療，就算現在自己馬上死掉，也可以留下一筆錢讓家人的生活不會困頓。家人也應該能過上沒有煩惱的生活。」

手頭多一點錢會有很多好處，實際上大多數的人心裡明明也是希望「想要更多錢」，卻又同時希望「盡可能不想碰錢，也不想討論錢的話題，不想要有錢，覺得錢很髒」，不少富人都表示他們不能理解這種矛盾的想法。

我認為**成為富人的必要條件之一**，**是擦掉自己內心深處對金錢的負面印象，不要把錢當成「髒東西」**。

另一位富人曾對我說過：「你愈是討厭錢，它們就會離你愈來愈遠。我們不會想和不喜歡自己的人待在一起吧？錢也是一樣的。」

明確化想要金錢的動機

那麼至今在無意識之下討厭金錢的人，該怎麼做才能捨棄對金錢的負面印象，轉而正面看待它呢？

我推薦的做法是**明確化持有金錢的動機**。缺乏明確動機，人們在精神上很難持續努力。舉例來說，每天苦練棒球的高中棒球隊正是因為有登上甲子園這個具體且明確的動機，所以才能熬過每天的嚴苛練習。

同樣地，我們如果**確實認知到「為什麼想要錢」，就會產生目的意識，坦率地把金錢當成達成目的必要之物，如此一來我們對金錢就不會有奇怪的心態**。自然地也不會覺得金錢是髒東西。

某位富人每到新年都會寫下自己新的一年想做的事情，然後拿給周遭的朋友看。他說寫出一年的目標能重新認識自己重視的價值觀，聽取夥伴或朋友的意見可進一步打磨內容，也能夠擴展視野。

……說到這邊，應該很多人會覺得這跟「新年目標」沒兩樣。但這位富人做了這件事情之後會約略估算要達成這些目標所需的金額，然後寫在目標的旁邊。

接著，他會把這張紙放在書桌抽屜等地方，三不五時拿出來看看，思考要不要把某個戶頭的定存解約，或是賣股籌措資金等。

過去有段時間曾經流行在筆記本寫下夢想後，在旁邊加上日期，這樣實現的可能性會比較高。

就跟這種手法相同，只要寫下實現夢想所需的金額，除了能提高實現的可能性之外，同時還可以讓自己不亂想，進而消除對金錢的負面印象。我們能夠期待這麼做有效果。

除此之外，還有各種改變金錢負面觀感的方法，例如「把錢當成別人給你的感謝點數」或「嘗試捐款」等。

找尋適合自己的方式，多加嘗試吧。而且，本章介紹的制訂人生規畫概念也是

「喜歡上金錢的習慣」之一吧。若你能喜歡上金錢，金錢也絕對不會丟下你不管吧。

換上富人的腦袋和心態！

擺脫對金錢的負面感受是成為富人的必要條件！

案例 3

C先生完全不預測未來支出，三年後用盡資產

C先生來找我做資產累積的諮詢時，態度實在說不上好。他淺坐在椅子上，身體稍微後仰，露出像在打量我的目光。老實說，我當時覺得他很難應付。

C先生是被太太帶來的，百般不願意參加了諮詢。因為家庭收支的決定權是掌握在C先生手上，所以太太希望他能在場。

我慎選話語，逐一問了下述問題，例如「你們對老後等未來的家庭經濟狀況有什麼擔心的地方嗎？」「對自己的職業等收入，有什麼擔心的地方嗎？」或「對兒女的未來有什麼擔心的地方嗎？」等。然而，C先生回答我的永遠都只有一句話，就是「不擔心」。

「小孩會接連升學，你不會擔心學費嗎？」「房貸還得出來嗎？」他的太太在一旁一臉擔心的詢問，但C只是接連說「我就說了，不擔心」。於是，我詢問

C太太先生的收入和支出的資訊，輸入到電腦的資產累積模擬軟體。計算出擬訂人生規畫需要的資訊，包括：未來的收入預測、房貸餘額、兒女的教育費、興趣上的花費、目前的儲蓄、投資狀況等。

分析結果出現在我們共享電腦畫面的螢幕上。結果顯示兩個孩子在三年後分別要上高中和大學，儲蓄會因為入學費的大筆支出而見底。

而且能預見在接下來的四年，因為持續繳交兩人份的學費，收支無法產生盈餘，完全無法為老後儲蓄。

C先生看到這個結果，身體急忙前傾問：「我該怎麼辦才好？」他終於露出認真的眼神並看向我。

在狀況如此緊迫的情況下，一般會先審視每月開支，從徹底處理覺得不必要的支出或減少支出開始。

但我決定告訴C先生，我從富人身上學到從理想圖像反推回來的金錢思維，我跟他說「請你先想像自己未來理想的狀況」，因為我感覺C先生對金錢太無感了。

富人不管何時，都會先從「想像理想生活」開始。這種思考方式稱為「目標導向」，提供資產管理建議的私人銀行家或家族辦公室的負責人都採用這種方式。富人依照資產狀況、家庭成員或人生事件等資訊，決定資產管理目的，再反推為達成目的必須要有多少投資報酬率，最後再建議最佳的投資方式。

目標導向的優點之一是預先制訂階段性目標。只要一設定階段性目標，就容易獲得成就感，比較能夠維持幹勁。

C先生告訴我，他的理想目標是「讓兩個孩子能沒有限制地想讀到多高就多高，自己跟另一半可以健康度過不需要為錢煩惱的老後生活」。

於是，我們先思考「健康」關鍵字，我指出C先生每天一包菸會遠離理想生活，他很果斷回應「我會戒菸」。

因為C先生有工作應酬，沒辦法完全不喝酒，但他決定在家暫時克制睡前喝酒的習慣。

除此之外，還重新調整了支出，包括：房貸轉貸、將不必要的保險退保、停止無法持續到老後的興趣、生活上絕非必要的影音串流服務等。

收入方面雖無法立刻改善，但C先生知道可以延長公司的雇用延長制度，能工作到七十歲。

這樣一來，總算能確保可以從收入負擔應該準備的教育基金，而退休儲蓄不足的部分只要靠C先生持續工作到七十歲就會有辦法。

「再來就靠我升職多賺一點了！」C先生露出下定決心的表情。「是的。我們先以五年後儲蓄三百萬日圓為目標吧！」我設定了一個抵達理想終點前的階段性小目標。

三年後，C先生寄了一封電子郵件給我，上頭附了一張擺出勝利姿勢的照片，並寫到「我付了小孩的入學費和一年分的學費後，好不容易手邊還留了一筆錢」。

郵件中還提到「上司們突然同時退休，所以我突然晉升為部門處長。薪水一口氣漲了不少，看來可以早一點達成目標」。我也稍微安心了，回信告訴他「如果能達成階段性目標，到時候我們再來確認狀況吧。」

就算達成階段性目標也不要大意，定期審視資產很關鍵。擁有大筆資產的富人，對可能影響到自身資產的法律和社會規則、景氣或物價的變化很敏感，所以會定期對照資產與社會的現況並更新。

比方說老人年金制度屢屢修改，變更成人年齡可說是也關係到資產的因素吧。

第一次碰面時對金錢不敏銳的C先生，現在已經能理性看待金錢了。我打從心底替朝向理想目標持續邁進的他加油打氣。

第4章

投資未來的「金錢活用法」

金錢活用法

1

為了將金錢價值發揮至極限，讓花錢具有多種意義

別分「投資」「消費」或「浪費」，只選擇「投資」！

從本章開始內容會進一步升級，我想告訴大家富人實踐的投資未來是什麼，也就是「金錢活用法」。

另外，此處說的「投資」不只是投資金融商品，而是泛指所有能豐富人生的金錢活用法。把錢投資在哪些事物上，會得到哪種價值的回報——知道這一點就可以走出更充實的人生。

我在第一章開頭曾說過，富人會想把錢花在「物超所值」的商品或服務上，同時也會留意從商品或服務上找出「資訊」「知識」和進而衍生而來的「人脈」等附

加價值上。

舉例來說，計畫在陌生的地區外出用餐，大多數的富人會說「不需要使用網路或APP查詢該區域的店家」。相對地，他們會去身邊的人推薦的餐廳。

大家能明白箇中道理嗎？因為只要是去別人推薦，而非自己選擇的店家，除了用餐這個一般價值外，還能向介紹人傳達「我正在你介紹的店家用餐，○○很好吃」的感想。餐費還能成為人際關係上的投資，以此培養「人脈」。

不僅如此，在社群網站提及介紹人的姓名並發表對餐廳的評論、感想，單純的用餐又變成提供「資訊」的價值。

這麼一來，能**讓花出去的錢變得更有價值，這就是富人投資未來的「金錢活用法」**。

有些金錢專家會建議將金錢的用途分為「投資」「消費」和「浪費」三種，但在富人觀點中花錢的目的只有「投資」一項。

即使一般人認為某筆花費的用途是消費或浪費，但富人也會思考如何賦予資訊的價值，讓它更具有投資效果。

在本章中，我將以富人的投資實例為源頭，介紹普通人如何應用富人思維。為了傳達眾多富人的觀點，內容上可能有乍看覺得矛盾之處，請挑選適合你的部分活用。

換上富人的腦袋和心態！

使用金錢時，不僅考慮商品本身的「價值」，從中增添各種衍生價值也非常重要。

金錢活用法

2

【投資】花錢投資，資產和自我都成長

只把錢存在銀行 VS. 開始投資

富人在意投資和對投資的熱情遠遠超過一般人，甚至有人說「金錢的所有用途都是投資」。我在此處說明的「投資」是指狹義的資產管理投資。

就我自己看過、聽聞的富人具體投資標的中，股票和債券等金融商品不用說，還有飛機和船舶等實物、整棟公寓大廈或沖繩的軍事用地等國內外不動產，以及著作權和專利使用權等。

沒有投資經驗的人往往容易擔心：「投資不是也有虧損的風險嗎？」因而不敢投資。當然，投資不保證一定獲利，但在**現在這個時代，讓錢躺在銀行反而風險更高**。

目前日本各大銀行的普通存款利率為〇．〇〇一％（本書執筆時），⑬存款想靠利息翻倍沒想到需要七萬兩千年！

另一方面，以日本政府年金投資基金（GPIF）運營的公營年金為例，國家代替我們投資，年化報酬率超過三．五％。⑭本金翻倍的速度大約比銀行快三千五百倍（同前）。

每月存入一萬日圓，累積三十年

本金：一萬日圓×十二個月×三十年＝三百六十萬日圓

利率〇．〇〇一％時：三百六十萬五百三十九日圓（＋五百三十九日圓）

利率三．五％時：六百三十五萬四千一百二十七日圓（＋兩百七十五萬四千一百二十七日圓）

如上述數字顯示，只把錢存入銀行和把錢拿去投資之間會產生巨大的差異。

愈早開始長期投資，風險愈小

一般認為金融投資只要長期持續，就能降低風險。雖然股價每天的上下波動讓人有如坐雲霄飛車般緊張，但從長期來看，全球股市因人口增加和伴隨而來的商品及服務供應量的增長，整體的股票價值呈現穩步上升。這正是一般持有股票的時間愈長，愈能獲得穩定報酬的根據之一。

金融學的世界權威傑諾米・席格爾（Jeremy J. Siegel）在著作《長線獲利之道：散戶投資正典》（*Stocks For The Run: The Definitive Guide to Financial Market Returns & Long-Term Investment Strategies*〔原著第五版〕）中，分析了自一八〇二年以來約兩百一十年間，美股實質收益的最高值和最低值。

⑬ 編按：二〇二四年十月二十日的資料顯示，台灣銀行台幣活儲牌告利率落在〇・六～〇・八七五之間。

⑭ 編按：從「中華民國退休基金協會」的網站，可查詢各種政府基金的基本資料：報酬率、最新規模、近五／十年年年化報酬率等。截至二〇二四年十月二十日，三大基金：勞保基金、國保基金、退撫基金十年（一〇三年～一一二年）平均收益率為五・一四％、五・二二％、五・〇三％。

股票投資的持有期間與實際回報

1802年～2012年的美股實際績效

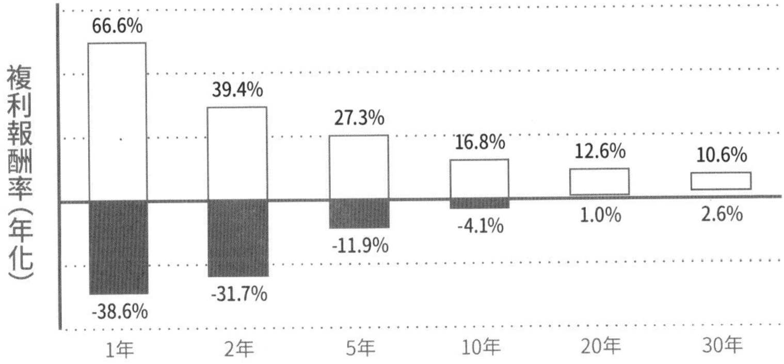

出處：《長線獲利之道：散戶投資正典》（原著第五版）

長期投資 20 年以上時，最差的回報率也有 1.0 ～ 2.6%。

他指出，持有期間未滿二十年時，回報的最低值為負，但超過二十年則會轉為正數，持有三十年時，自一八〇二年以來美國股票的實際回報最低為二．六%，最高為十．六%。

這些數據表明，以長期投資為前提的持股策略相當有效。

此處以美股為例，但日本股票表現也相同，持有二十～三十年實質收益將趨於正數。

有些論點認為這只是基於過往數據所得到的結果，不能保證未來會有相同的結果，但透過快速的決策盡可能延長投資期間，可說有助於減少風險和增加回報吧。

推薦新手投資什麼？

雖然知道投資的好處，但無法付諸行動的人，可以建立「自動投資機制」，例如設定好在發薪日的隔天自動扣款投資等。

個股連專家都難以判斷進出場時機，所以我會建議新手選擇「基金」，是指將多名投資人募集來的資金，根據投資公司的指示，投資於多檔股票或債券，並將投資成果回饋給投資人的金融產品。如果自己不會選擇標的，可以考慮接受專家建議比較有效。

擔心到證券公司或銀行諮詢時被推銷的話，可上網查詢「受託資產餘額」較高的基金。簡單來說，就是選擇集資最多、最熱門的標的。⑮

⑮編按：可參考台灣基金界最具盛名的五大基金獎：晨星、晨星暨Smart致富台灣基金獎、傑出基金金鑽獎、台灣理柏基金獎及BENCHMARK《指標》台灣基金獎名單。

其中可能不會有最新的商品或在特定業種表現很強的利基商品，但對於想嘗試投資的人來說，這是我想推薦的投資標的。

投資不動產如何？

最近，在社群網站上愈來愈常看到「套房投資」的推薦廣告，「年收四百（五百）萬日圓以上者必看的投資」等字眼屢見不鮮。廣告上寫著年收的理由是，銀行提供貸款時的年收基準大多為四百萬～五百萬日圓以上。

我不是說不能投資不動產，但租賃不動產特別難挑選，重點不是跟誰買，而是買了什麼。

日本今後預期人口數會持續減少，收入也難以提高，所以空屋會逐漸增加，出租的難度持續加大。

想要投資不動產，請聽取專家建議，謹慎挑選物件。對不動產投資感興趣卻覺得簽約手續繁瑣、空房招租或建物維修等很麻煩的人，建議可以不要挑選實體房產，而是考慮投資金融商品「REITs」（不動產投資信託）成為不動產持有者。

除增加資產外，投資另有好處

對透過投資維持和放大資產的富人來說，投資是他們日常對話的一部分。他們把這些話題當成談資，而非炫耀，像是「我的私人銀行顧問給我這樣的建議」「跟父母交情深的房產經紀人，推薦了這樣的物件給我」。

有位富人說：「我因為買了任天堂的股票，每次看到瑪利歐都會感謝他為我工作。」由於他的長相與瑪利歐相似，這也成了極好的話題。

一位最近和孩子去主題樂園玩的富人告訴我：「投資的好處是繞了一大圈，最後會回到自己身上。」原來他是那座主題樂園的股東，在園內的花費最終會以股利的形式流入自己的口袋。

你也像這位富人一樣，當這座主題樂園的股東如何？你在園內花的錢在繞了一大圈之後，最終會以股價上漲、股東優惠、股利等形式回到你身邊，這種時候投資就多了另一種價值：「創造更多與家人或朋友共度歡樂時光的機會」。

有位富人說「持續投資不僅是為了資產管理，也更容易關注世界局勢」，投資也有助於我們收集資訊。總結如下，我們了解到可以賦予投資複數的價值。

現在是百歲人生的時代，尚未開始投資的人立刻開啟投資人生吧。讓時間成為朋友，是任何人都能進行的有效金錢活用法。

換上富人的腦袋和心態！

這個時代只把錢存在銀行是不會增值的。
投資新手現在立刻買「基金」並長期持有吧。

金錢活用法

3

【知識】花錢買知識，提升自我與美感

從書中獲取知識並應用於生活

「區塊鏈」「NFT」「元宇宙」……排除IT業界人士，這些詞彙我幾乎都是從富人身上聽來的。

多數富人擁有豐富的IT知識，並積極應用於生活中。即使是年長者，大多數一樣會用電子郵件和社群媒體，支付和交易也會充分活用此技術。

在這個時代，如果不能理解並熟練運用最新技術就無法積累資產。對於必須保護珍貴資產的富人來說，掌握新知至關重要。你又是如何獲取最新的知識和技能呢？

現在有YouTube、網路文章或線上付費社群等媒介，但我要再次重申，富人最喜愛的媒介毫無疑問就是「書籍」。

正如我前面提到的，富人會在發售日當天買書。除了「獲取最新知識」的價值外，還透過最早向周圍的人傳播或分享書中的內容，將其轉化為「資訊資產」。

此外，我從富人身上學到，不僅要從書中汲取知識，還要將書中的知識運用在日常生活中以提升自我。

富人琢磨「美感」的理由

我覺得富人與一般人之間，差距最大的為是否擁有「藝術」相關知識。我因為曾擔任平面設計師，對藝術一直有很強烈的興趣，但有時富人對藝術的關心甚至凌駕我。

理由何在？某位富人告訴我：「我為了增加並保護資產，需要磨練美感。」這個時代許多人都擁有資訊處理能力，任何人都能輕鬆獲取資訊。因此，即使是優先取得資訊的富人，也很難維持資訊差距所帶來的優勢。這時，能創造自己與他人差異的就是「美感」。

現代被稱為難以預測未來的VUCA時代，問題複雜且難以解決，至今的對策可能會失效。VUCA是指易動性（Volatility）、不確定性（Uncertainty）、複雜性（Complexity）和模糊性（Ambiguity），意味著迅速變化且難以預測的情況。

在這種情況下，能夠直觀掌握全局的感性、想像力、構思力，即「美感」就變得尤為重要。

此外，還有規則無法跟上系統，或者在最新的ＩＴ技術上法律無法整備等問題，為了提高投資決策的品質，像選擇何種投資標的，往往需要不少超越知識的判斷標準。

在這種情況下，富人視為判斷標準的正是「美感」，甚至是「道德觀」。他們透過直覺掌握整體平衡，以及描繪生而為人的應有姿態，持續對前所未見的事情做出不易失敗的判斷。

當Google收購英國人工智慧開發公司DeepMind時，在公司內部設立了防止人工智慧失控的倫理委員會，這是有名的例子。

這顯示出在缺乏明確法律或規則的情況下，要持續發展就必須依靠自身的美感或道德觀來判斷。

獲取知識能讓生活更豐富

與富人見面時，他們一定會開啟這些話題：「你讀過這本書嗎？」「你對哪些新聞感興趣？」他們並非出於對我的好奇，而是在打探我的知識、美感、道德觀和價值觀。

除了投資話題外，葡萄酒、健康、旅行方面的知識也是富人交流的共同語言，獲取知識還能提升生活的豐富度。有位富人穿著櫻花圖案的和服，這不僅讓她學到了歷史和傳統知識，還讓她對季節變化更為敏感。還有富人為了獲得更廣泛的咖啡知識，走出國門學習因而獲得了意想不到的見聞和經歷。

「履歷上沒有可書寫的內容或人生故事單薄的人，都是沒有學習或挑戰過的人。」當富人們閒聊、說到這句話時，我在旁邊聽了都緊張了起來。

自從我了解到新知識能擴展思考和行動範圍，最終會聯結到挑戰後，我便開始留意要積極地花錢獲取知識。

真正的富人不僅僅是有錢，更是有魅力的人物，而且會持續提升自我

換上富人的腦袋和心態！

學習並活用最新技術是一大前提。

在此基礎上，提高「美感」會成為超越知識的判斷標準。

金錢活用法 4

【人脈】花錢在人脈上，累積名為信賴的財產

人脈的建立重質不重量

有些富人在初次見面時會說：「今天謝謝你。」這句話說出口其中包含了感謝與對方相遇、感謝對方抽出時間、感謝這段緣分等，具有多重意義。

對我來說，這是一種「預先感謝」。當對方先表達感謝時，我會覺得自己必須回報對方。

然而，富人這麼表達並非強迫別人，而是自然脫口而出，這是因為他們相信自己與對方的未來經常會往好的方向發展，富人以這種緩慢穩重的方式拉近彼此距離。

我曾問過一位擁有廣泛人脈的富人：「今年您參加的派對中，最盛大的與會人士有多少人？」

他回答大約十人。不僅這位富人，多數富人更傾向於參加少數受邀者才能出席的小型聚會，而非不特定多數人都可自由進出的大型聚會。

原因在於，他們認為花費相同時間，小型聚會能與每個人深入交談，從而加深關係。

我也有這樣的經驗，在多人聚集的異業交流會中，雖然換了大量名片，但與每個人對話的時間都很短，結果對彼此都不太有印象。富人深知此點，因此**在建立人脈時更重「質」不重「量」**。

普通人若想參考這種做法，在拓展人脈時，在公司內部多留心針對高層或限定公司外的人吧。

與公司同期或後輩聚餐，往往聽到的多是擔心、煩惱或抱怨，所以如果重質，可將這些活動的優先順序往下調整。

建立人脈的基本態度是「聲援」對方

相同興趣的愛好者聚集的社群，因為擁有共同的價值觀和目標，對話自然很熱絡，也容易參與其中。富人經常出現在這樣的社群裡。

觀察富人在這些社群的互動，會發現他們的基本態度是「聲援」對方。在與自己價值觀一致的人當中，發現有人很努力時，他們會出現非常強烈的心情想聲援對方。也有富人跟我表示：「只要你找到想聲援的人，就能維持『同理心』。」

若能建立互相加油的關係，就相當於獲得了「合作夥伴」。聲援他人並得到他人的支持作為回報，心中便會感到滿足，生活滿意度和幸福感也會提升。今後每當回想起透過聲援所一起創造的回憶，一定都會豐富你的心靈吧。

富人總是被與自身價值觀相符的人圍繞，並持續感謝這些相遇和緣分。他們的人生中充滿值得學習的地方。

換上富人的腦袋和心態！

建立人脈時，要注重往來對象的品質，而非人數多寡。如果能遇到你想聲援且對方也願意以聲援回應你的人，將成為你一生的財富。

金錢活用法

5

生【時間】花錢買時間，比別人多活幾倍人

富人具強烈的「買時間」觀念

我覺得富人花錢買時間的觀念比一般人強烈許多，正因為時間有限，他們會希望盡量增加可自由支配的時間，並有意義的利用。

我舉身邊的例子，**許多富人會使用「省時家電」來增加自己的時間**。掃地機器人能在你外出時打掃，不僅具備「清潔房間」的價值，還會帶來「節省自己時間」的附加價值。

如果每天打掃要花三十分鐘，投資省時家電一年內就能賺到一百八十個小時。「附烘衣功能的洗衣機」和「洗碗機」也能大大縮短家務時間，增加你的可支配時

間，這些都是富人推薦的省時家電。

另外，**常搭計程車通勤也是富人的一大特徵**。手頭寬裕雖然也是他們這麼做的因素之一，但主要原因是他們抱持強烈的希望，「想用最短的時間抵達目的地，避免浪費時間」。他們在計程車內能用手機收集資訊，或者檢查郵件和查看社群媒體等，能夠有效活用通勤時間。

某位富人說，**「我借助周遭的力量，一天能使用二十四小時以上的時間」，因為這位富人雇了一位祕書**。

大家可能會想像，只有非常忙碌且手頭寬裕的經營者才需要雇用祕書，但最近透過網路就可輕鬆聘用，還能配合自己的需求每週雇用幾天或一天雇用幾小時等。這位富人將可以交由祕書處理的工作，像預訂新幹線、機票、酒店和製作簡單文件等委託對方處理。

買下祕書等旁人的時間，不僅能增加自己的時間，還能盤點手頭上的工作，也可以增加「雇用他人」的經驗。

對上班族來說，雇用祕書可能有點困難，但推薦給經營者和自由業者。

增加時間的三個訣竅：「放棄」「自動化」或「委任」

我跟一位富人學到，**增加自己時間的訣竅有三：「放棄」「自動化」或「委任」**。

・放棄

放棄不必要的工作，與價值觀不再契合的社群或團體保持距離，以確保自己可用的時間。

例 因營運方針會隨代表人更替而改變，當社群或團體的價值觀開始與自己分歧時，就不再參加聚會。

・自動化

為了保有時間，將習慣上會重複的事情自動化。使用前述的「省時家電」也屬於同樣做法。

例 將各種付款改為自動轉帳，不再定期跑銀行ATM。

・委任

將不必親自完成或由別人來做會更好的事情，委託給他人或專家處理，好掌握自己的時間，前述聘用「祕書」的做法也包含在內。

例 將報稅或遺囑撰寫等繁瑣或不能出錯的事，交給會計師或律師等專家。

那位富人留意到這三點做法，所以一天能使用二十四小時以上的時間。

把買來的時間投注在學習或培養愛好上

如果白白浪費買來的時間，那就毫無意義了，因此富人們會將這些時間投入到學習或培養愛好上。

例如，有一群熱衷打高爾夫球的富人，其中有人甚至幾乎達到職業等級的水準。有次我問他：「你為什麼如此熱衷這個興趣呢？」他的回答是：「透過行動和體驗，我才能辨別對自己有益和無用的事物，所以嘗試任何事物很重要。」他還說：「**投注錢和時間所培養的愛好，又會為自己帶來全新的財富**。」我也確實感受到，擁有共同的愛好有助於拓展人脈。

你若想在工作上與新客戶有所往來，比起談論商品或服務等「工作話題」，聊聊共同的「愛好」更容易打破僵局。擁有熱衷的愛好，並積極分享資訊，就能找到與對方的共通之處並深化關係。利用自由時間專注於學習和培養愛好，積極參加相關社群吧。

資訊和人脈的贈與就是時間的贈與

富人喜歡互贈「資訊」和「人脈」，而且資訊和人脈的贈與，從結果來說就是「時間的贈與」。

「感謝你告訴我○○資訊，幫助我縮減解決問題的時間」「多虧你介紹△△先生，省去了我自己調查的麻煩」，像這樣提供資訊和人脈，能減少對方本應花費的時間。

富人頻繁舉辦活動或派對，不單純只是為了享受快樂時光。他們聚集了具有與自己相同的想法和價值觀的人，彼此**透過交換「資訊資產」和「人脈」，在短時間內高效提升彼此的能力**。

我覺得富人之所以能成為富人，是因為有能力吸引周圍的人一起解決問題，而非只靠自己解決一切。

一半以上行事曆維持空白的原因

「如果你沒有空閒時間，就無法抓住機會。」這是一位六十多歲的富人所說的，他一直以來尋求刺激，持續累積新經驗與新挑戰。他認為擁有空閒時間是抓住機會的最低條件。

富人認為要盡可能抓住突然現身的機會或緣分，因此他們每週行事曆上有超過一半的空白。

有些人會把每天的行程安排得很滿，幾週內都沒有空閒時間，但多數富人的觀點則認為這麼做不是好事。因為這樣無法應對「如果明天你能來一趟，我們可以一起去體驗有趣的事情」或「三天以內簽約會有額外好處」這類突如其來的機會。

富人之間經常有這種速度感的對話：「下下週我要去紐約，你要一起去嗎？」「很棒耶！走吧！」

你可能以為若遇到機會再取消原先計畫即可，但富人調整行程的方式是「以先約好的事情為優先」。

他們盡可能不為後面才冒出來的計畫挪動先前的安排。理由是「若為了自己方便而不斷更改計畫的話，對方會失去信任」。因此，富人會在行事曆中保留餘裕，以便確實掌握意料之外的機會。

為了實現上述想法，有必要多少增加可自由支配的時間，正因如此「花錢買時間」非常重要。

換上富人的腦袋和心態！

富人透過「放棄」「自動化」「委任」，增加自由時間，並且善用這些時間來學習、發展興趣與建立人脈，進而吸引更多財富。

金錢活用法

6

【健康】把錢花在健康上，打造能提升金錢價值的身體

健康是財富的基礎

有位富人曾對我說：「健康不佳會降低你從金錢獲取價值的能力。」比方說，即使你的登山技術已達滿分，但若是因年老而導致腰力和腿力變弱，那麼花錢去登山也無法百分之百發揮技術。另一方面，若技術僅五十分但四肢健全、身體健康的話，同樣是花錢登山卻能獲得更多吧。也就是說，為了有效使用金錢就不能輕忽健康。

比較現在的自己和二十年後的自己，能有效使用金錢的是當然是前者。了解這一點的富人，為了維持能夠激發金錢價值的身心，可說是毫不吝惜投資在「健康」。以下介紹幾個具體的用錢例子。

・**飲食**

許多富人在思考健康時，非常注重飲食。很多有錢人會精挑細選食材的成分和產地，考慮到營養均衡，注意進食不過量。

還有一些人會採用實證過的健康飲食，例如控制白砂糖不過量攝取，選擇好油等。

我至今認識的許多富人中，沒有一個會「暴飲暴食」。暴飲暴食有害未來健康，凡事都會理性考慮的富人不會沉迷於一時之樂。

・**寢具**

睡眠對維持健康和恢復體力極為重要。深知此點的富人，為了提升睡眠品質，大多很講究臥室和寢具，會仔細挑選。

寢具並非一概而論選擇昂貴的羽絨被就好，富人為符合自己的需求會各別挑選專用寢具。

一位經常側睡的富人特別注重「抱枕」，因為追求更舒適的抱枕，所以時刻關注有沒有推出新產品。

・鞋子

令人意外的是，我發現選擇穿什麼鞋子也體現了富人重視健康。某位富人外出見客時，會穿著擦得亮晶晶的皮鞋，但平常是穿分趾鞋。現在的分趾鞋多是膠底，易於行走且對腳不會有壓迫感，走路不會累，因此是部分注重健康富人的愛用品。

・牙齒

我從未見過滿口爛牙的富人，多數富人每三到六個月就會定期去牙醫診所保養。我想即使是一般人也多會為了預防蛀牙或牙周病，或為了美觀會去做「齒列」矯正。

此外，富人頗為注重「咬合」。矯正咬合能讓牙齒上下均勻受力，減少牙齒和骨骼的負擔，最終形成不易生病的強健體魄。常咬牙根的職棒球員或橄欖球選手也會注重「咬合」，這可說是為了讓他們在場上有最佳的表現。

關於不考慮身體負擔所做的齒列矯正項目，某位富人曾表示自己是「單純為了美觀做『齒列矯正』，而非基於健康考量」。這個想法可能有些極端，但在進行牙齒保養時應該考慮這一點。

・治療疾病

富人在治療疾病或傷口時，必定會徵求第二意見。大家常去的醫院不一定有適合自身病情或受傷症狀的最佳醫生。即使是親切、熟悉的醫生，他們也不會盲從，一定會去諮詢其他醫院的醫生或專家意見，再判斷何者是最佳的治療方法。這可說是不受情緒或人情影響的理性判斷吧。

對於小病，一般人可能難以負擔第二意見的費用。但對於癌症等重大疾病或需要長期治療的慢性病，建議大家多徵求第二意見。

・預防疾病

富人非常關心疾病的預防，除了一定會做的定期健康檢查之外，他們還會接受各種自訂的付費檢查。

其中特別關注最新的早期癌症檢測。近年來已實際在應用的、只靠對身體負擔小的尿液檢查和血液檢查就能進行高精度的風險診斷很受歡迎。

此外，為了保養身體，會攝取適量保健食品的富人也不少。愈是徹底管理飲食的人，愈會希望合理攝取營養，所以為了達成自己的目標，正確選擇飲用自己缺乏的營養素。

・釋放壓力

累積壓力會打亂自主神經的運作，有害身心健康。富人去別墅度假或出國旅行的原因之一是為了「釋放壓力」。富人常會透過適度的獎賞或賭博來紓壓。賭博的目的不是賺錢，而是為了釋放壓力，而且會在預定的金額內享樂。

人類也需要投資在「釋放壓力」上。不必過度壓抑喜好、適當花錢，最終會促進你的健康。

換上富人的腦袋和心態！

只有健康才能提升金錢的價值。因此，富人對健康的投資毫不吝嗇。試著思考該投資什麼才能讓自己的健康維持在良好的狀態吧。

金錢活用法 7

【風險對策】花錢買風險對策，守護資產

真的不需要私人壽險嗎？

曾有一位富人告訴我：「一般人只會優先考慮增加資產，卻忽略了鞏固、防守資產。」

富人是擬訂「風險對策」的專家，因為他們擔心在缺乏風險對策或風險對策不充分的情況下，可能因為意外而失去大筆資產。

富人和一般人的資產規模不同，所以我們不用完全模仿富人的風險對策。這裡我想介紹一般人也能採取的對策。

但大前提是，如果採取風險對策反而導致資產大幅縮水就本末倒置了。因此，每個人應根據自己的資產規模合理判斷，從所需最小限度開始逐步投入資金。

・面對死亡的風險對策

我從富人身上學到有效的風險對策訣竅是，**不要搞錯掌握資訊的優先順序**。例如「為守護家人所保的壽險」，沒人知道自己何時會離世，但人一定會死。

富人認為自己去世後，高額的遺產稅會減少家人的資產。為此，他們有效利用壽險。

一般人可能比較不必擔心遺產稅的問題，但必須考慮遺留下來的家人所需的生活資金。

首先應掌握的資訊是「國家的制度」，而非私人保險。例如在日本，保險人過世後公共年金會給付配偶一筆遺屬年金。如果有孩子，依據孩子的年齡會有額外的補助。⑯

⑯編按：台灣的勞工保險、國民年金保險、農民保險皆有跟死亡、喪葬相關給付，相關細節可至勞動局勞工保險局詢問。

其次要掌握公司提供的「死亡退休金」和「慰問金」制度的相關資訊。我們可以先提早確認保障的範圍和金額。了解這些資訊後，再重新檢視資產狀況，如果保障家人所需的資金準備不足的話，才會輪到私人的壽險出場。

私人保險也有合理的考量順序。首先是公司提供的「團體保險」，其次是日本各都道府縣機制不同的「共濟保險」（互助保險），最後才是〇〇人壽這類的「壽險」。

「團體保險」以公司為團體向保險公司投保，所以有人數上的優惠，一般比較便宜。需要注意的是，因為受保的前提是受顧於公司，所以保險時間有限制，當你轉職就必須重新檢查。

其次是「共濟保險」。這是非營利的保險，特徵在於每年結算，會退還未使用的部分保費。退還金額最多有時可達五〇%，能大幅減輕保費負擔。

需要留意的是，隨著年齡增長每年的保費會提高，死亡時家人可領取的金額約為五百萬日圓，算是比較少。

最後是私人「壽險」，各公司推出許多產品，選擇上非常困難。即便是保障內容類似的商品，各公司也有細微差異調整，需要多加注意。

與共濟保險相比，壽險可以有高額度的保額，因此在活用上述保險制度後，當成填補不足的最後手段最有效果。

但這種「保障家人的保險」應視為在積累足夠資產前，為保障家人的「過渡」性質保險。累積一定的資產後，遲早要從保險畢業，我們應該要有這樣的認知。

・健康風險對策

醫療險和癌症險等「保障自身健康的保險」也同樣要注意優先順序。在日本，當生病或受傷住院時，公共醫療保險制度以全國統一的標準，規定保險給付項目的自付比例。

醫療費過於昂貴時，還有「高額療養費制度」會根據收入決定自付額度的上限。

此外，一些公司會成立自己的健康保險組合，減輕員工負擔。例如，某些日本上市公司的健康保險組合提供了良好的保障，規定員工醫療費自付上限為每月兩萬日圓，其餘由保險補助。

了解這些制度後，如果還是感到不安，再考慮非營利的「共濟保險」或私人的「醫療險」和「癌症險」吧。

這樣寫下來，你可能會覺得私人保險似乎沒有優勢，但其優勢在於能提供共濟保險沒有的高額保險金，且各公司有獨特的產品。可諮詢理財規畫師等專家，選擇符合自己需求的保險。

目前由於日本政府和公司的制度較為完善，愈來愈多網路文章、Youtuber主張只要有存款就好，不需要再保私人的壽險和醫療險。

然而，實際情況是**人一旦生病，心情上不太容易會想動用積蓄治療**。特別是有小孩的家庭常會擔心未來的教育費，猶豫是否該用存款來治療。

想像自己若處於這種狀況時會怎麼做，如果有需要善用私人保險也可說是一種理性的判斷吧。

‧損害賠償風險對策

過去有位四十多歲、剛開業的眼科醫生因計程車交通意外而身亡，死亡賠償金約五億日圓，如此天價的索賠足以毀掉人的一生。

因此，當你不幸發生交通事故，如果有投保車險（任意險）就能幫你承擔風險。如果是強制汽車責任險，死亡理賠的上限只有三千萬日圓。⑰

火災險也是大家推薦的損害保險之一。如果自宅發生火災，不僅重建房屋需要費用，還需要重新購買全部家電或居家物品，許多火災險都會涵蓋這些費用。⑱

⑰ 編按：根據台灣強制汽車責任保險給付標準第六條規定，因汽車交通事故死亡，給付為每人新台幣兩百萬元，若加上失能給付、傷害醫療費用給付之金額，合計最高是新台幣兩百二十萬元。

⑱ 編按：台灣的民宅火險大多是為了辦理房貸而辦，銀行為避免抵押品（房屋）因火災損毀，無力償還，所以會要求貸款人投保住宅火險及地震險。「住宅火災及地震基本保險」是以房屋的重置成本為保險金額上限，而重置成本會依據「每坪造價」和「房子坪數」計算，若有裝潢再依據「每坪裝潢單價」及屋內使用面積計算價格，動產的價格則是看自己買了什麼家具和家電。

・訴訟風險或繼承糾紛對策

要預防訴訟風險或遺產糾紛，需事先建立能借助專家力量的環境。在日本，法律問題可諮詢「律師」，稅務問題可諮詢「會計師」，登記和託管的問題可諮詢「司法書士」，向政府機關提交資料時可諮詢「行政書士」，⑲勞保或社保可諮詢「社會保險勞務士」⑳等，可與身邊信得過的人建立人脈。

這些專業人士彼此多有聯繫，所以可請他們互相介紹其他領域的專家。一般人過於以增加資產為目的，容易忽略擬訂風險對策。

與其在「萬一我發生意外就會破產」的危機感中增加資產，不如在「就算有意外我也能應對」的安心感中累積資產，這樣心理上也會更穩定。

為了保護重要的資產，如果你覺得可以在風險對策上理性花錢，這便證明了你的思維已經接近富人。

採取適當的風險對策做好準備，讓自己不管發生什麼事都能度過不為錢所困的「不敗人生」吧。

換上富人的腦袋和心態！

不僅要增加資產，「保護資產」的觀點也很重要。在決定採取什麼投資風險對策前，先盤點有哪些選項吧。

⑲編按：日本的「司法書士」和「行政書士」類似台灣的「代書」。

⑳編按：台灣勞資爭議的諮詢可找義務律師，若要申訴中央單位有1955專線和勞動部民意信箱；地方則有1999專線或各縣市勞工局電話和各縣市政府民意信箱。

金錢活用法

8

【孩子】投資在孩子上，將家族的力量最大化

何時是投資孩子的最佳時期？

正在養育孩子或計畫生小孩的人，不應忘記「投資孩子」觀點。我遇到許多富人，印象中他們認為孩子愈小，花的錢就愈多。反之，升上高中或成為大學生就只支付學費，不會再給予更多援助。

這其中有合理的理由嗎？有一門研究領域叫「教育經濟學」，透過經濟理論或數據分析研究投資在教育上的效果。

這裡所說的「效果」不僅僅是指教育讓孩子就業更有優勢，未來收入更高等表面現象，還會分析把錢花在教育上，對孩子未來的幸福感、壽命或健康等帶來的影響。這門學問試圖將教育帶來的一切，轉化為金錢價值來評論。

投資人力資本的回報率

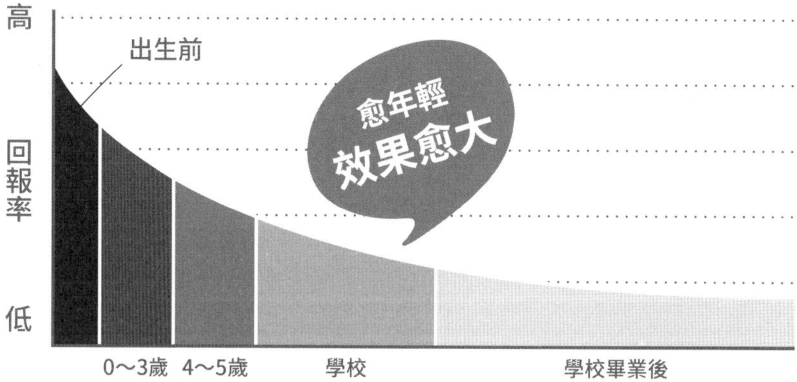

出處：《美國不平等：人力資本政治》（暫譯，*Inequality in America: What role for human capital policies*）

許多教育經濟學的研究結果，顯示「幼兒期」的投資回報率最高。

這裡說的投資不只有才藝班和學習，還包括花在形塑品格的人格養成、健康和體力的提升上。

諾貝爾經濟學獎得主、芝加哥大學教授詹姆斯・赫克曼（James Joseph Heckman）等人，以本頁圖表顯示孩子在不同年齡的「教育」投資回報率。結果顯示，年齡愈小投資回報率愈高，之後則逐漸下降。

日本文部科學省[21]的調查顯示，一般人大多隨著孩子的年齡增長而增加在教育上的花費。但從教育經濟學的角度來看，這是不合理的用錢方式。從此處得知，富人在幼兒期花錢可說是非常合理的行為。

一開始讓孩子嘗試各式各樣的學習

富人在安排小孩上才藝課上也有特色，他們會在一開始，就讓孩子同時嘗試多種活動。

一般父母只讓孩子學習單一才藝，例如「一直讓孩子踢足球」或「只讓孩子學英語」。

當然孩子本人的意願很重要，但我們不知道這些才藝是否真的適合孩子。事實上，孩子可能在其他領域有隱藏的才能或對其他領域更感興趣。

或許是這個緣故，許多富人讓孩子同時體驗多種活動，以了解他們的特性或喜好。

他們是這樣想的：「同時讓孩子開始多項才藝，感覺不合適立刻停止就好。」某個家庭的孩子同時學習「鋼琴」、「芭蕾」和「書法」，最後發現對「鋼琴」最感興趣，最後就讀音樂大學，畢業後前往奧地利的維也納，現在成為專業的鋼琴家發光發熱。

若只體驗一項才藝，如果中途一受挫會沒有其他學習選項，最後有可能會過度沮喪或憂鬱。

某位富人說：「我希望讓孩子從小了解人生是有選擇的。」事實也的確是如此，所以在孩子開始學才藝時，讓他們同時嘗試多項活動是好事。

最近日本許多才藝班都提供「首次免費體驗」。[22]為了發展孩子的潛能，我們積極善用吧。

[21] 編按：相當於台灣的教育部。
[22] 編按：台灣某些才藝班可免費或付費試上單堂體驗。

孩子是你重要的「資產繼承人」，未來會承襲你的財產。讓孩子擁有比自己更豐富的知識和經驗，家族才能長久繁榮。就算你感到些許負擔，還是建議有孩子的人在幼兒期就投資在孩子身上。

換上富人的腦袋和心態！

投資孩子的最佳時期是「幼兒期」。

讓孩子同時挑戰學習多種才藝，觀察他們的才能和興趣吧。

案例 4

D先生未留意到買過多保險，身故就能讓家人過上紙醉金迷的生活

身為一名理財規畫師，我經常接到保單健檢的相關諮詢。這次來諮詢的是靠自學取得理財規畫師資格，並對自己的金融知識非常有自信的D先生和他太太。

D先生的太太聯繫我，表示「每個月的壽險保費太高了，希望你能協助確認」，這是我們見面的契機。

D先生非常喜歡調查，他從十家以上的保險公司收集了自己認為有必要的保單手冊，進行比較後簽訂了合約。

D先生自信滿滿地表示：「這張保單是十多年前簽約的，但非常適合我，現在已經買不到這麼好的保險了」。

收支模擬系統非常好用，能試算本人或配偶過世後的情況。不僅可以反映遺屬年金和中高齡寡婦加算等遺屬可獲得的年金，也能試算壽險的保險金。

模擬結果顯示，D先生的壽險保額過高。「如果現在D先生不幸去世，家人得到的保險金會比所需金額多『大約四倍』，這符合您的預期嗎？」我問道。

D先生的臉色突然變得鬱悶。為了不讓他感到不愉快，我小心斟酌、補充說明：「從結論來說，你的保單只是缺乏一些維護。」

壽險本身就是為了防止個人發生不測時，避免留在世上的家人有經濟困擾所準備的。

經濟困難的程度會因家庭結構或教育狀況而異，但通常來說事件發生的「當下」會需要最多金額，但這種需要會隨著時間逐漸遞減。

拿教育費來說，家庭中有嬰幼兒等小朋友時，如果發生不幸，就必須先替小孩準備好未來所有的教育費。但如果孩子已經離家獨立，這時就算有個萬一，也不用擔心教育費的問題。

十年前，D先生的兩個孩子分別為十歲和十三歲。他當時買壽險是因為考量到：「就算我現在不幸身故，也要確保小孩有足夠的教育費，才能讓兩個孩子能讀自己想去的學校。」

但歲月流逝，兩個孩子都已經在工作了。以準備教育費為目的的壽險已完成使命。而且，他們夫妻一直過著節儉的生活，資產也有所增加，即使D先生八年後身故，家人也不會有經濟困難。

「現在應該是考慮退保壽險的好時機了。」我開始講述從富人身上學到的理念：「金錢與風險的再平衡」。

我和靠自己成為富一代，並不是咬著金湯匙出身、世世代代皆為地主的富人，時常談到壽險話題，因為「不管是完全沒有資產，還有擁有大量資產的人，都是必需保壽險的」。

若是完全沒有資產，但有需要照顧的家人，那壽險就不可或缺，這是為了避免自己萬一不幸身故，對誰都可能造成經濟上的困難。

而在擁有大量資產的情況下，若不幸身故會產生遺產稅，因此需要購買壽險作為對策。

時間點若剛好介於兩者之間的話，即「擁有足以讓家人生活無憂的資產，但還不到需要擔心遺產稅的地步」時，也可說正是不必依賴壽險的好階段。富人會不斷根據自身資產的變化，經常調整風險對策。

定期檢視風險是必要的，就算自己的生活完全沒變，也會受到法律或社會規則變化等外在因素的影響，例如：日本成人年齡下修、新NISA、iDeCo等修法或新制度，都需要密切關注。

壽險方面，計算保費基礎「基礎生命表」更新時，許多公司都會重新審視費率。隨著平均壽命的延長，保費在每次更新時都有下調的趨勢。

基於這樣的思維，我建議D先生為符合現狀進行再平衡：「如果D先生現在身故，計算應該要留給家人的金額大約是一千萬日圓。我認為變更目前的壽險合約，把保費減為原來的四分之一比較妥當。這樣每個月的保費應該可以大幅降低，部分節省下來的金錢可以放入投資部位。這樣不用八年，你可以更早脫離保險喔。」

不僅僅是D先生，許多人隨年齡增長，儲蓄也會增加。要先記住隨家人的年齡增長，應該留下的金額會逐漸減少，因此需要的壽險保額也會逐年下降。

放棄現在已經買不到的好條件保險確實很可惜。然而，截至二〇二三年八月，獲得日本金融廳許可的壽險公司在全日本有四十二家，包含停售在內的商品總數超過千種。我們幾乎不可能一邊工作，一邊更新這些商品的特徵或不同之處。

術業有專攻。保險的事還是建議諮詢保險專家。如果擔心被推銷，建議向多家保險公司或保險經紀人諮詢，選擇最為你著想、提出好方案的人即可。

第5章

金錢的最大價值在於可「購買經驗」

購買經驗

1

對經驗的投資效益會在晚年最大化

當下的經驗總有一天會在人生的某處開花結果

你聽說過史蒂夫．賈伯斯（Steve Jobs）在美國史丹佛大學（二〇〇五年六月十二日）畢業典禮上的那段傳奇演講「串起人生的點點滴滴」（Connecting the dots）嗎？

他在演講中表示：「學生時代我因為對書法課（美化文字的手法）感興趣而修課，學到的知識在十年後突然浮現，我因此創造了擁有美麗字體的電腦。」還提到當時並沒有為了今後的人生而刻意學習什麼。

演講中賈伯斯繼續說：「人生無法預先拼出有意義的圖像；唯有在回顧時，才能串連出有意義的軌跡。」之後繼續提及：「所以你們一定要相信，現在的點點滴滴將來都會在人生的某時某刻串連起來。」

賈伯斯還表明，自己透過貫徹串聯經驗與經驗的做法，取得了巨大的成果。

回想起來，我也有類似的經歷。二十多歲時，我在一家廣告製作公司擔任平面設計師，磨練設計技巧。在三十多歲加入新創公司後，我把這些經驗用在製作業務資料，並取得了很好的成果。現在我成為理財規畫師，設計經驗依然可活用於經營客戶的企業，提供他們在製作LOGO、名片或宣傳手冊上免費的建議。我也曾免費製作婚禮的座位表和介紹手冊給顧客。

不僅如此，設計經驗使我具有「設計思考」能力。在設計過程中使用的流程稱為設計思考，也有助於解決商業問題。若有銷售策略、服務運營或創業的諮詢，我都能活用「設計思考」，透過網路向全日本的夥伴或企業提供建議。

如上述般，我二十多歲夜以繼日投入的設計經驗，不僅讓我獲得了專業技能，也成為無數回憶的一部分，至今仍然帶給我新的經歷和啟發。

我從富人那裡學到最重要的一課，就是將金錢花在經驗上。**過去的每一次經驗都在塑造我們，這些積累的經驗必定會在我們人生中多次帶來智慧和力量。**

沒有比經驗更好的投資

「人生是由一連串的經驗所構成的。比起任何人都能獲得的知識和金錢，你獨有的經驗才是最珍貴的。」「經驗花費金錢且耗時，但能讓你學會技能或得到喜悅，而且考量到經驗對自己今後人生的影響，絕對不容小覷。」對我這麼說的富人不在少數。

累積經驗的重要性，若用金錢來衡量便顯而易見。例如，「每月購買一萬日圓的經驗，持續七十年，並每月累積三．五%的利息」，結果如下：

用於經驗的本金：一萬日圓×十二個月×七十年＝八百四十萬日圓

經驗帶來的利息：約兩千七百萬日圓

反之，每個月如果沒在經驗上投資半毛錢，自然不會得到任何回報。積極投資在經驗上的人與沒這麼做的人，經驗帶來的利息有很大的差異。而且，愈早投資在經驗上，獲得的回報也就愈大。

你或許會覺得「立即將錢花在經驗上」與坊間流傳的「為了老後儲蓄」兩者似乎矛盾。我認為**不應該優先考慮不一定會到來的老後生活，而放棄獲得寶貴經驗的機會**。

當然，這並不是說可以不考慮未來而隨意花錢，而是將積累資產放在首位，卻忽視經驗人事物才「不合理」。

妝點晚年生活的不是金錢或地位、名聲，而是只有一直以來累積的人生經驗和回憶。如果沒有留意到這一點，即便再富有也不能算是過上幸福的生活吧。

對經驗的投資效益會在晚年達到最大化

擔任多年安寧醫療工作、看顧為數眾多患者的布朗妮・維爾（Bronnie Ware），在著作《和自己說好，生命裡只留下不後悔的選擇》（*The Top Five Rerets of the dying*）中，列舉了人在臨終時最遺憾的五個後悔。

- 我希望活出自己的人生
- 我希望沒有花那麼多時間工作
- 我希望能更毫不猶豫表達感受
- 我希望跟朋友一直保持聯絡
- 我希望更快樂

用一句話來總結上述五個後悔，就是悔恨沒在自己希望的時間點經驗到自己期望的事情。附帶一提，如果將「我希望」拿掉，就可以置換成經驗過的所有經驗。

・我曾經活出自己的人生
・我沒有花那麼多時間工作
・我能更毫不猶豫表達感受
・我跟朋友一直保持聯絡
・我更快樂

這樣置換之後，這些話語突然變成從體驗過美好人生的人所說出的一樣。就像這樣，經驗對人生最後一刻的影響非常巨大，富人對此非常理解。

我重申一次，臨終時人無法將曾經擁有的地位、名聲、高價商品或豪車等所有資產拿進病房。能夠帶到終點的，只有自己的身體和腦中留下名為經驗的「回憶」而已。

我覺得自己周圍享受人生的人，大多不是「賺了很多錢」或「存了很多錢」的人，而是「花了很多錢並創造了許多回憶」的人。

單身才能做的事，結婚才能做的事，孩子年幼才能做的事，孩子獨立後才能做的事。每個階段當下能做的事情其實意外有限，而且這些時機一旦錯過，大多都無法重來。

十年後，如果與某人結婚，可能就無法繼續投入自己的興趣。十五年後，現在的人際關係不見得會持續。二十年後，體力可能不如現在。

因此，不要錯過時機和機會，透過有效使用金錢、累積自己想要的經驗，創造未來會想反覆回味的回憶。這才是真正聰明且合理的用錢方式吧。

換上富人的腦袋和心態！

花錢買經驗，獲得名為「回憶」的豐厚回報，這種投資效益會在晚年最大化。

購買經驗

2

各世代對經驗的投資不同，應該在何時挑戰什麼？

最低風險且高回報的是從「此刻」就行動

許多富人不論幾歲都在持續挑戰。然而，實際上也有不少人感到焦慮，根本原因在於「**年齡增長後，失敗、失去的東西會增加，而成功獲得的東西則會減少**」，這點改用投資來思考會比較好懂。

例如，三十幾歲時損失三百萬日圓，還有彌補損失的機會，所以失去的東西比較少。而相反地獲利三百萬日圓時，不管是金錢的使用方式，還是花錢可換取的價值都會比較多，也就是低風險高報酬的狀態。

另一方面，七十歲時損失三百萬日圓則難以挽回，所以損失較大。相對地即使獲利三百萬日圓，不管是金錢的使用方式，還是花錢可換取的價值都會比較少，也就是高風險低報酬。

換言之，**隨著年齡增長，投資效率下降。這不僅適用於金融投資，也適用於經驗的投資**。年輕時不管經歷多少失敗都能恢復，但年老後的失敗則往往直接以失敗告終。

我身為理財規畫師，詢問客戶想在何時實現未來的夢想或願望時，不少人會想著先滿足某些前提條件，例如「累積某種程度的經驗之後」或「存夠錢之後」才會考慮行動。但這樣下去，投資效率會逐漸逼近「高風險低報酬」，非常可惜。

有想做的事就盡快付諸行動。從投資效率的角度來看，可說是最合理的做法。我們總是能找到一堆「不做的理由」，正因如此擁有「該如何才能投資經驗」的想法十分重要。

我們可以向已經有經驗的人學習方法，或向父母預借資金等，藉此消除「不做的理由」吧，然後盡快展開行動，這是以「低風險高報酬」獲得經驗的鐵則。

各年齡層把錢花在何處才能提升經驗值？

光說經驗兩字，有些人可能不知道應該挑戰什麼才好吧。接下來我要傳達的「各年齡層建議的投資方向」，是我與多位富人討論後的總結。當你在迷失如何使用金錢時，請參考。

・二十歲：花錢累積有助未來成功的「失敗經驗」或「知識」

花錢獲取能聯結未來成功的「失敗經驗」和「新知」吧。這個時期是積累各種經歷、深化知識，同時培養專業的時期。這些專業將成為你的基礎，是未來人生創造價值和財富的泉源。

這個時期還不需要開始投資金融。雖然有些人從二十多歲開始就會投資S&P500等的標的，但透過累積經驗、提升技能，加強工作能力為自己加薪，才是投報率比較高的投資。

・三十歲：花錢累積「人脈」、拓寬視野，同時開始「投資」，替未來準備

三十多歲時已經累積了一定的知識和經驗，應該將錢用於拓展「人脈」，開拓自己的視野。這個時期可以參加社群的聚會或自行策畫活動，增加與他人接觸的機會，藉此豐富人生。

在此階段開始金融投資可說是很理想的時機，因為就算出現損失，仍有足夠時間扳回一成。

此外，三十多歲時一樣要繼續花錢累積知識。因為許多人在工作上某種程度已經能夠獨當一面，導致學習新知的態度最容易在三十多歲時消失。如果此時不養成學習的態度或習慣，未來將難以持續成長。

・四十歲：將錢用於「自己」和「家人」的成長、回憶及「風險對策」上

四十多歲是用錢方式大幅分歧的時期。已婚、有家庭的人應該把錢花在與「家庭」創造回憶，促進子女成長。

此外，建立家庭也伴隨著重大的責任，所以也要把錢用在「風險對策」上，讓自己就算身故也能讓遺留於世的家人生活無虞。

但不要在風險對策上花太多錢。資產愈增加，家人為生活所困的風險也會逐漸減少，請取得平衡，留意將錢用於最低限度的風險對策。

單身者在這個時間點應該為老後準備，開始「累積資產」。由於單身者可自由支配金錢，一不小心就會花費過度，所以要確實制訂計畫。

・五十歲：將錢用於「健康」和「時間」，確保手頭寬裕並為老後準備

五十多歲時，花錢的主軸會放在「健康」和「時間」。為了在老後能活得健康快樂，應該在五十多歲時就開始留意把錢花在健康上。不要為了過度省錢而只吃便宜的垃圾食品，如果弄壞身體反而要花更多的錢看醫生。

同樣，適度運動也很重要。如果慢跑鞋或帥氣的運動服能提高運動意願，那可以嘗試購買。

五十多歲把錢花在「時間」上也很重要。你是否體驗過小時感覺一天的時間長到可以一直玩下去的經驗？然而，隨著年齡增長，會感覺時間流逝得愈來愈快，這種感覺稱為「珍妮特法則」（Janet's law）。

這種觀點認為「在人生的某個時期所感受到的時間長度，與年齡的倒數成正比」。十歲感受到的一年是人生的十分之一，而五十歲感受到的一年則會變成至今人生的五十分之一，一年在人生中的占比逐漸縮小，這讓人有時間變短的錯覺。此外，感覺時間飛逝的另一個原因，是大腦習慣了重複的生活。換句話說，這個時期如果漫無目的般度過，時間就會匆匆流逝。

希望像童年般延長體感時間，最有效的方法就是「挑戰」。挑戰新事物，透過反覆試錯給予大腦適度的壓力，大腦就會認為那段時間很充實，藉此延長體驗感受到的時間。

在人生後半段應該把錢花在挑戰新事物上，避免自己無所事事造成時間一閃而過。

・六十歲後：充分運用至今學到的「合理用錢方式」，享受人生

老後是人生的集大成。充分運用至今掌握的技巧，過快樂的人生吧。此處介紹的「各年齡層經驗投資方向」僅為範例。邁入六十大關後還是能學習新知，或進行拓展人脈的投資吧。

為了實現第三章所述的「人生規畫」，透過逆向思維掌握自己該在何時做哪種挑戰，如此自然就會明白應該經驗哪些事情。

換上富人的腦袋和心態！

愈早開始投資在經驗上，就愈能實現「低風險高報酬」。

按照人生規畫行動，不要猶豫，立刻去做自己應該做的事情吧。

購買經驗

3

存錢不能累積幸福

經驗有有效期限

「經驗也有有效期限啊……」某位富人喃喃自語，隨後嘆了一口氣。因為有些事情錯過時機就再也經驗不到了，這讓他很懊悔。

他在四十多歲迎來了第一個孩子，當時他開的公司正在籌備上市。他對妻子說：「等上市後，我會好好照顧孩子的。」但當公司順利上市後，男人又強烈地認為：「好不容易公司擴大，我要再往上衝！」結果在接下來的二十年裡，他每天都投入在工作中。

現在退休的他，雖然透過辛勤工作使資產增加了好幾倍，但他注意到如果只是希望和家人快樂生活，根本不需要這麼多錢。而當他留意到此點時，孩子早已長大，他沒有發揮父親的角色，也沒有建立父子之間的信賴關係，他對此很後悔。事到如今就算他想「經驗」育兒，能夠經驗的時間早就結束了。

順道一提，根據日本總務省的社會生活基本調查數據顯示，父母與子女共度的時間，母親約為七年六個月，父親則只有三年四個月（僅計算彼此見面的時間）。

將這段短暫時間花在工作上的男性，以「幸福」這個觀點來思考的話，可說並未做出合理的判斷。

將有形資產轉換為無形資產

「我為了應付人生的下半場，正在將有形資產轉換為無形資產。」一位富人這樣對我說。

她在丈夫去世後苦盡甘來，還成功創辦了自己的事業，獨生女也在幾年前結婚離家，讓她覺得如釋重負。

現在她要認真面對的問題是，該在何時逐步變現自己的資產。從各種責任解放後，她決定「讓自己的人生活得更快樂」，並與專家協商制訂了資產變現計畫。

她笑著說：「存錢並不能累積幸福。」我完全同意這個觀念。因為必須將金錢這種有形資產，轉換為回憶和經驗等無形資產，否則人類無法感受到幸福。

話雖如此，許多日本人擔心老後的花費，最後錢還沒花完人就走了。若人生走到盡頭手邊還有錢，就代表你白花時間或勞力賺了這些錢。

因此，**在生前創造資產高峰，並在能從經驗中獲取最大價值的過程中逐步使用資產，這才是實現幸福的「合理判斷」**。

只是要帶著自信逐步變現資產，必須事先準備好足夠的錢，以保證今後的生活。確認人生規畫後，建議與理財規畫師等專業顧問商議後再做決定。

我建議的資產使用方式是高峰不要只用「金額」思考，還要加入「時期」的要素。現在一般多會建議從人生規畫反推要設定多少資產的目標「金額」（我在第三章也提出過這樣的建議）。沒錯，對於收入較低或容易散財、沒有存錢習慣的人來說，設定明確的目標「金額」能有效改變他們的關注點。

但是，先決定好在人生下半場的「時期」開始慢慢將資產變現，這樣比較容易做出合理的判斷。

假如你將生活無虞的目標「金額」設定為三千萬日圓。以「金額數值」為目標的人在達成目標後，往往會認為「存到三千五百萬日圓，生活應該會更穩定」，進而傾向於持續追求不必要的目標。結果，很多人因此錯過了讓人生更豐富的機會。

另一方面，我們改用「時期」來檢視資產的高峰吧。將六十五歲設定為資產高峰，同樣在存到三千萬日圓後，接下來的人生就開始將這三千萬日圓逐漸變現，然後將其轉化為回憶。

如此一來，重點是在人生下半場用「有形資產」增加回憶這種「無形資產」，使人生更富足。

換上富人的腦袋和心態！

在人生下半場持續增加資產，並不能帶來幸福。
制訂人生規畫時，也要設定資產的高峰「時期」，
在那之後將有形資產轉化為無形資產吧。

購買經驗

4

製作死前必做的願望清單

將與人見面都當成「最後一次」並好好珍惜

我曾問過一位總是笑著享受人生的富人，關於活出快樂人生的祕訣。他的回答出乎意料：「**我與人會面時，都把當次見面當成最後一次跟他說話。**」

當我詢問這麼做的真正含意時，他說：「人際關係必定有結束的一天，光是留意到這一點，我就會想要有效利用這段時間，到頭來也能增加自己的幸福感。」聽到這番話時，我想起了自己曾試圖有效利用時間的經驗。

當我出社會後，去探望住在遠方的祖父母時，我注意到一起相處的時間和今後見面的次數有限，因此會想最大限度的善用這段寶貴的時間。

旅遊也是如此，我在走訪陌生國家或地區時，會在短暫的停留時間內盡可能體驗，參觀最多的地方，或積極參加自選旅遊或活動。

這兩者的共同點都是「這可能是再也無法體驗的經驗」。或許正因為是無法再度體驗，我們才會有效利用時間，感受到幸福。

然而仔細想想，與朋友或熟人會面、去熟悉的店鋪消費等日常生活片段，都不是可以永久體驗的。也許那一天過後就再也見不到朋友或熟人，或者是熟悉的店鋪就永久停業了，因此所有的經歷都是「可能再也無法體驗」的。

這位富人注意到此點，因此他在與任何人會面時都會認為「這可能是最後一次」，並珍惜這段時光。

人生時光不足。為了有效利用有限的時間，我覺得時刻保持「這是最後一次」的想法，並累積各種經驗非常重要。

把想做的事視覺化

當你想獲得新體驗或希望達成目標時，最有效的方法就是製作人生的「想做之事清單」或「願望清單」。

摩根．費里曼（Morgan Freeman）和傑克．尼克遜（Jack Nicholson）主演的電影《一路玩到掛》（*The Buckt List*）中，兩位罹患重病的主角制訂了這份清單，寫下各自想做的事情，並為實現這些願望而度過餘生，令人印象非常深刻。

將死前想做之事寫下來的清單也稱為「遺願清單」（The Bucket List）。製作遺願清單的好處包括：讓自己的願望更明確，透過視覺化提升動力，改變日常生活中的關注點等。許多做過這件事的人都建議所有人實踐，因為這是把清單當成豐富人生的契機。

遺願清單不只是對有強烈目標的人，對每天無所事事、浪費時間的人也很有效果。

一位富人將「期限」加在遺願清單上。例如，不僅僅是「和妻子一起去義大利旅行」，而是「和妻子一起去義大利旅行（五十歲前）」。加上期限後，就會在有限的時間內認真思考如何實現目標。

此外在製作遺願清單時，先不要擔心錢的問題。重要的是思考自己今後想過哪種人生，並自由列出。

要你先別擔心錢的問題是因為只要一考量到錢，就可能因為「手頭沒錢辦不到」而輕易放棄。

此外，過度將眼光放在經濟問題上，有可能會忽視隨年齡增長失去的時間和健康，這可能導致即使終於存夠錢去體驗，得到的價值卻不如預期。

製作遺願清單後，可以試著將其加到人生規畫中。如果在經濟上可行，就能大幅提升幹勁。即使現狀難以實現也不用放棄，只要改變日常行動來實現清單上的事項即可。

看了富人筆記本上的遺願清單，會發現上面劃了許多線條，表示他們已經實現了很多想做的事情，這些點點滴滴都提升了富人的幸福感。

留意到事物終有結束的一天，並珍惜這段時光付諸行動，一定能提升你的幸福感。

換上富人的腦袋和心態！

留意到人生有終點，把事物當成「最後一次的體驗」，這麼做即使是微不足道的小事，也會變成珍貴的時間並帶來幸福感。製作遺願清單，累積大量經驗吧。

購買經驗

5

「活在當下」會讓用錢方式變得更理性

摯友之死讓我領悟到……

本書中提到的「理性用錢方式」，並非僅限厲害商業頭腦的企業家或富人才做得到。

我身邊也有一位非常善於用錢的朋友。S先生是我國、高中的同班同學，同時也是我的摯友。他是一家日本全國連鎖上市企業的員工，工作的同時還在能欣賞到美麗立山連峰的富山縣內蓋了木屋，與妻子和三個孩子一起生活。

他的社群媒體上會定期更新與家人遊玩的照片，從照片上的笑容能感受到他想與孩子們創造美好回憶的心情。

然而不幸的是，他在四十歲時意外死亡。當時我們正在計畫兩個家庭一起出遊，聽到他突如其來的死訊，我的心彷彿被掏空，一度無法工作。

過了幾個月，我才稍微振作，身為理財規畫師的我開始擔心另一件事。我擔心S先生遺留下來的家人，今後的生活和生活費是否足夠。於是，我與朋友的妻子一起確認了未來的收支模擬，發現他們這輩子都不會有經濟上的擔憂。S先生已預先利用壽險等方法，擬訂了風險對策。

他正確理解公共制度，並聰明地利用了公司制度和私人保險。他早就做了妥善的安排，以確保自己萬一發生不測，遺留的家人也能夠一生不愁吃穿。

摯友的不幸事故讓我感受到兩件事。第一，「人不一定能保證會活到老後，所以不活在當下，你可能會後悔」。在此之前，對於客戶的人生規畫諮詢，我總是結合當時熱議的「退休要有兩千萬日圓話題」，告訴客戶「為了讓老後的生活無憂，現在稍微忍耐也要存錢累積資產」。

但現在我會這樣告訴客戶：「利用理財等方法增加『當下』可運用的金錢，透過有效使用金錢，增加與家人的回憶和愉快的體驗吧。」

賈伯斯在前述的史丹佛大學畢業典禮的演講中，談到「死亡」時，這樣表示：「我每天早上都看著鏡子問自己：『如果今天是我人生的最後一天，我會想去做我今天要做的事嗎？』當連續太多天的答案都是『不想』時，我就知道自己必須有所改變。」

賈伯斯還說，記住自己隨時可能面臨死亡，當被迫做出決定人生的重大抉擇時，可以不受自尊和恐懼等偏見的影響，理性看待事物。意識到死亡，有助於在生活中專注於當前，在做出正確判斷上也有效果。

摯友之死讓我領悟的第二件事是，「富人實踐的理性用錢方式，一般人也可以模仿」。

在那之前，我從富人身上學到各種用錢方式，並用自己的方式不斷實踐，但有幾次感覺到「自己好像無法像富人那樣思考」。有段時期我也曾些許懷疑過「自己是不是沒辦法變得像富人一樣」。

然而，當我得知最親近的朋友正在像富人一樣實踐理性的用錢方式時，我確定這些技巧是任何人都可以實踐的。

「珍惜當下」「任何人都可以像富人一樣善用金錢」我想寫這本書的最大動機，正是因為察覺到這兩點。

我去富人的家裡，經常可以看到他們家裡擺著祖父母或曾祖父母等先人的照片。他說：「我現在能在這裡，是因為前人的恩澤，我不會忘記要感謝和尊敬他們。」

正因為理解並感謝前人的力量，富人才得以理性使用金錢，我們擁有相同的心態應該也不難吧。

最近遠距工作增加，活動身體的機會變少，所以我每天早晨都會去散步。每當看到晨曦，我就能感受到今天再度迎來全新一天的喜悅，並發誓要替已故的摯友度過愉快的一天。

沒有人知道生命的終點何時到來。只要感受生命的短暫和珍貴，留意到要珍惜當下，就會更理性使用金錢。

換上富人的腦袋和心態！

任何人都能做到合理使用金錢。

把今天當成人生的最後一天，珍惜當下吧。

案例 5

E先生父親以九十九歲高齡過世，等了四十年終於拿到三千萬日圓

「錢就是在你需要時不會來。」這句話是E先生說的。他的祖父和雙親都是公立國中的老師，而他今年六十七歲，兩年前從公司退休。談到自己從父親繼承資產的時間點時，他隱藏不了遺憾。

四十年前，E先生在二十七歲結婚並蓋了房子。當時的房貸利率比現在高，每月的還款壓力很大，他尋求父親，希望對方提供金援。

由於他們家代代節儉，再加上知道父親在自己買房時的前一年，因祖母去世而繼承了一大筆財產，他以為父親會欣然同意援助他這個獨生子，但這個希望被徹底粉碎了。

父親一口回絕他說：「這是你自己的事，你要自己想辦法。」當他問及那筆遺產時，父親說：「那些錢我會好好保留，等我們去世後會由你繼承。」

E先生心裡想：「我現在就需要錢啊！」但他什麼都沒說。懷著不滿，他繼續過著節儉的生活還房貸。他盡量避免家庭娛樂活動，拒絕同事的午餐邀請，只吃家裡做的飯糰等，終於在退休前想方設法還完了房貸。

E先生在六十七歲時終於繼承了遺產，去世的父親享壽九十九歲。父親從祖母那裡繼承的錢幾乎原封不動保留著，E先生因此得到了三千萬日圓的資產。

他感嘆道：「如果能早點拿到……」超過三十年的過往記憶浮現。他因當時籌不到錢，不得不讓孩子放棄夢想和想讀的學校。

E先生向我諮詢的是該如何使用這繼承來的三千萬日圓。他問我：「你認為這筆錢該怎麼用？」對此，我向他傳達了從富人身上學到的「有效的資產轉讓方式」。

這包括在確保今後生活和風險對策所需的資金後，盡可能使用資產來增進下一代的經驗和技能，同時逐漸進行轉讓。

「金錢會隨著年齡的增長愈來愈難發揮價值啊。」這句話是我從一位八十多歲的富人身邊聽到的。這位老人家這幾年一直背痛難消，日常生活非常不便。

他說：「人變成這樣，有些東西就沒辦法體驗了，就算體驗了也很難打從心底去享受它。」

這句話不僅是情緒性發言，更是基於這樣的想法：即使我們獲得了知識或技術、經驗，這些東西也無法持續使用數十年，一旦自己去世，這些知識和技術、經驗也會隨之消失，這是非常可惜的。我聽到這番話時，對他能如此理性地思考感到非常欽佩。

那位富人說錢不只要花在孩子身上，還要用在孫子身上，給予他們能夠獲得新知識或經驗的機會。

他說：「我並不是只是給他們錢，我要求他們之後來談談用錢的感想和從經驗中學到的東西。如果他們得到的東西很少，我會要求他們退還相對的金錢，所以大家都很認真。」

我把這番話告訴E先生，他表示：「我也想做類似的事情。」於是我們進行了未來的收支模擬，將資產分為「留在手中的資產」和「轉給下一代的資產」。

我告訴他：「在這個百歲人生的時代，未來的時間還很長，請有效利用繼承的資產，不僅要為自己增加美好的回憶，還要活得健康愉快。」他笑著回答：「對啊！」

過了一段時間，E先生突然聯繫我說：「去年結婚的兒子要買房子了」「孫子今年出生，我希望兒子賺的錢盡量用在孫子身上。」後來，據說E先生提供資金協助兒子買房。

他希望自己過往承受過的壓力不要留給下一代，我感覺他用錢的方式非常棒，不輸給富人。

我想應該不是因為E先生出了錢的緣故吧，E先生兒子家裡有他專用的椅子，每次他去玩、去看孫子時，都可以悠閒地坐著看孫子。

結語

我第一次見到這些富人時，以為他們擁有大量資產而能隨性花錢。然而，聽他們說話，了解他們的行為後，我發現這種想法是錯誤的。

「富人」是一群真正重視金錢，具備知識，聽取專家意見，能「理性使用金錢」的人。

富人教會了對金錢原本不太在意的我，如何謹慎使用金錢。當然，我並不是所有的事情都能順利學會。倒不如說一開始時，我總覺得「自己沒有他們那麼多的資產，所以無法擁有相同的心態和思考方式」。

但是，我開始用自己的方式使用金錢，反覆失敗和領悟並更深入的理解，在用錢方式稍微改變的三十七歲，以前工作的公司在「東證Mothers」（現東證Growth）成功上市。我身為主要股東之一，在一天之內就成為富人的一員。那時我再次注意到，即使擁有大筆資產，也不代表就能夠合理使用金錢。當時的我還沒有完全實踐理性、有效的金錢使用方式。

之後，為了保護自己的資產，我想在珍惜金錢的前提下學習必要的金融知識，於是轉換跑道成了理財規畫師。

在工作中接受各種人的諮詢，我有時會想包括我自己在內：「一般人是否無法理解並完美實踐理性的金錢使用方式？」

然而，親友的不幸事件讓我確信，「即使是普通人，也可以做出與富人相媲美的理性判斷並使用金錢」。

現在，除了傳授富人理性的用錢方式外，我還傳達「活在當下」和有效使用金錢的重要性。

或許你無法馬上改變想法，但只要有改變的意願，你的行動就會轉變。不要像多數的日本人那樣總是擔心未來，辛苦工作，省吃儉用，積累儲蓄，但從來不會有效使用金錢，只想讓資產盡可能增加，然後就這樣結束一生。

大家可以想像自己在人生盡頭的模樣。床邊不會擺滿地位、名譽、豪車或藝術品這種東西。圍繞著你的是到目前為止的經驗、回憶和家人，這些才是你人生富足的象徵。

我從富人身上學到，「人生中最重要的事情是最大限度地活在當下，並創造一輩子的回憶」。我衷心祝福你能透過打磨用錢方式，消除對金錢的擔憂，度過充滿美好經驗和回憶的富足人生。

本書得以出版，多虧了那些教我如何理性用錢的親切富人，非常感謝他們，指引我的人生朝更好的方向前進。

同時，也感謝所有在我實踐這些學習、反覆失敗、逐漸成長的過程中，溫暖守護我，偶爾為我加油、與到目前為止跟我人生相關的親朋好友。特別感謝那位再次提醒我活在當下很重要的摯友。

請允許我向重要的家人表達感謝。因為妻子的無私奉獻，我才能專注於自己喜愛的工作和活動。兒子的體貼總是讓我很欣慰，期待他今後的成長。一直以來，真的非常感謝他們。

最後，衷心感謝拿起本書的你。如果你對我有一點興趣，請告訴我你對本書的感想，請聯繫電子信箱kengo.tatsugawa@gmail.com。可能需要一些時間，但我會回信給你的。

我在Facebook上也以「立川健悟」的真名註冊。您發送好友邀請時，請附上訊息：「我讀了你的著作」。

未來我也會持續累積各種經驗，讓自己能幫助大家。今後也請多多指教。

有錢人教我的致富心態

作者	立川健悟
譯者	林信帆
商周集團執行長	郭奕伶
商業周刊出版部	
總監	林雲
責任編輯	林亞萱
封面設計	李東記
內頁排版	陳姿秀
出版發行	城邦文化事業股份有限公司 商業周刊
地址	115台北市南港區昆陽街16號6樓 電話：(02) 2505-6789　傳真：(02) 2503-6399
讀者服務專線	(02) 2510-8888
商周集團網站服務信箱	mailbox@bwnet.com.tw
劃撥帳號	50003033
戶名	英屬蓋曼群島商家庭傳媒股份有限公司城邦分公司
網站	www.businessweekly.com.tw
香港發行所	香港發行所 城邦（香港）出版集團有限公司 香港灣仔駱克道193號東超商業中心1樓
電話	(852) 2508-6231　傳真：(852) 2578-9337
E-mail	hkcite@biznetvigator.com
製版印刷	中原造像股份有限公司
總經銷	聯合發行股份有限公司　電話：(02) 2917-8022
初版1刷	2024年11月
初版2.5刷	2025年 1 月
定價	380元
ISBN	978-626-7492-57-4（平裝）
EISBN	9786267492550（PDF）／9786267492567（EPUB）

國家圖書館出版品預行編目(CIP)資料

有錢人教我的致富心態：學有錢人這樣想錢、生錢、存錢、花錢，他從月光族變身資產3億富翁！/立川健悟著；林信帆譯. -- 初版. -- 臺北市 : 城邦文化事業股份有限公司商業周刊, 2024.11
面； 公分
ISBN 978-626-7492-57-4(平裝)
1.CST: 金錢心理學 2.CST: 理財 3.CST: 成功法
561.014 113013829

藍學堂

學習・奇趣・輕鬆讀